In gläsernen Labyrinthen

Tagebuchblätter

Martin Kankel

Bibliographische Information der Deutschen Bibliothek: Die Deutsche Bibliothek verzeichnet diese Publikation in der Deutschen Nationalbibliographie; detaillierte bibliographische Daten sind im Internet über http://dnb.ddb.de abrufbar.

Impressum

Erstausgabe, November 2010.

Herstellung und Verlag: Books on Demand GmbH, Norderstedt.

Umschlaggestaltung und Satz: Roman Rutkowski.

Printed in Germany.

ISBN 9783842334274

Was Liebe schürt, das sei stets mir fern,

...

Noch lebst in Frieden Du und ungestört,
doch bald umschließt die Fessel Deine Hand,
gleich wie das sanfte Ufer Dich betört,
versinkst Du dann in dunklem Wellenbrand.

Ibn Hazm al Andalusi, Das Halsband der Taube.
Von der Liebe und den Liebenden, arabischer Traktat,
11. Jahrhundert

„….

27. November 200... Montag

Spaziergang. Halt an den drei Birken. Weiß glänzte ihr Stamm, von tiefem Schwarz durchsetzt. Kontraste des Todes und der Liebe. Weiß ist die „Farbe" des NICHTS, Schwarz die des höchsten, schönsten Schmerzes.

Ruhiger Waldgang. Spät daheim.

28. November 200.. Dienstag   B.

"Ein salziger Morgen..."

Dieses Gefühl steter Mattigkeit kannte ich bislang nicht. Zudem fühle ich mich verbraucht, alt, müde und faul, ja - vor allem faul, kreativlos. Schreibblockade! 31 Jahre alt und noch immer nicht mit beiden Beinen im Leben stehend - oder sagen wir besser: nicht mehr.

Bis vor zwei Jahren schien alles so abgesichert, die Zukunft lag vor mir – ein gläsern-durchsichtiges Feld, von mir sorgsam bestellt.

Offizier!

Nach zwölf Jahren nehme ich Abschied.

Alles war so sicher.

Doch nun scheint es mir, dass ein Daimon mit einem Hammer mir die schöngebaute Welt in Trümmer schlägt.

Immer öfter stellt sich die Frage nach dem „Warum" dieses selbst veranlassten biographischen Bruches. Im permanenten Gefühl des Versagthabens.

Aber .... und wieder dieses hämmernde „Warum". Schließlich tat ich es für meine Familie. Was hätte es genutzt, alle zwei Jahre weg zu sein. Ich liebe meine Familie....

Dennoch fühle ich mich müde, ausgebrannt und traurig, ob meiner Entscheidung.

Zu allem Überfluss erfuhr ich heute auch noch, dass ein aus meiner Feder stammender Artikel nicht erscheint. Dieser Text über einen alten Spanienkämpfer ist die erste journalistische Arbeit, die unveröffentlicht bleibt. Die zuständige Redakteurin teilt mir telefonisch mit, dass ihre Kollegin das Buch zur Besprechung an einen Anderen vergeben habe. Große Enttäuschung, da das Werk schon 30 Euro kostete und nun gar nichts einkommt.

Vielleicht hilft mir die Arbeit an meinen Tagebuchnotizen, wieder zur gewohnten Schreibseligkeit zurückzukehren. Schillerartikel an W. wie gewohnt für das neue Jahrbuch. Stilistisch gar nicht mit seinen Vorgängern zu vergleichen. Zu „wissenschaftlich", zu dröge. Werde mir ohnehin damit einige Feinde schaffen. Aber, wie heißt es so schön: Viel Feind, viel Ehr.

B. ist fleißig und lieb wie immer. Ich bin froh, eine Familie zu haben. Am Wochenende besuchten uns die Schwiegereltern. Fühlte mich auch da müde und abgespannt. Beinahe wäre ich im Gespräch mit meinem Schwiegervater eingeschlafen. Hinzu kamen Magenschmerzen.

In den letzten Tagen einige Missverständnisse mit Sophia S. . S. ist eine nette Studentin, die sich für Ihre Kommilitonen einsetzt. Sie ist mir sehr sympathisch, ein Eindruck der, so glaube ich, auf Gegenseitigkeit beruht.

30. November 200... Donnerstag   B.

Traum:

Das Meer roter Lichter erhebt und senkt sich im Takte archaischer von Stakkatorythmen beherrschter Musik. Ein verzehrtes Gesicht, schmal, geschminkt, hakennasig steigt und sinkt. Es ist das ihre, getrennt von Leib und Hinterkopf. Sie öffnet den Mund. Eine Schlange windet sich hervor. Langsam kriecht sie die Wangen empor, bohrt sich in ihre Stirn, frisst sich in mich und will doch hinaus.... Aus glänzender Kopfhaut treten züngelnd vierzig neue Schlangen hervor. Ich erblicke die grausame Erinye.

Angst beherrscht mich, immer und überall...gerade hier....

2. Dezember 200...

Auf der Heimfahrt eine schöne Frau beobachtet. Wir sitzen uns im Bus gegenüber. Ich weiß nichts von diesem Menschen, und er interessiert mich auch nicht. Weder ihre Gedanken noch ihre Persönlichkeit sind Gegenstand meines Nachdenkens. Ihr Äußeres ist es. Nicht etwa die weichen Linien des schönen Körpers, nicht der schön geformte Busen und jene Linie, deren Betrachtung uns ins Reich der Wollust verweist. Vielmehr reizt mich das Gesicht. Schöne Frauen sind wie lebende Bilder. Vom Kunstwerk unterscheidet sie die Unwilligkeit oder sagen wir besser die scheinbare Abneigung gegen Betrachtung ihrer selbst durch fremde Beobachter. Der Genießende sieht sich deshalb genötigt, nur kurze Blicke auf das Kunstwerk der Natur zu werfen und sich zu weiden. Die Augen kurz schließend, sieht er sie vor sich. Hier ist kein Begehren, sondern nur Freude am Betrachten.

Die Lippen zeichnen eine zwiefache Welle in ihr leicht gerötetes Antlitz. Die Nase ist mit Sommersprossen bedeckt. Sie gehört nicht zu diesen Halbverhungerten, die die Werbung anpreist. Ihre Wangen sind voll, ihre Augen verraten Klugheit. Ihre Bläue kaschiert die Schwärze tiefer Traurigkeit, die ihr Blick verbirgt.

Das Fahrzeug hält. Sie geht. Mein Blick schweift. Galerie der Gauklerinnen...............

Nachts Traum:

Ein Kindsgesicht. Ich kenne Sie. Sie war ein Säugling, da ich sie das erste Mal sah. Ich bewunderte die Größe ihres Geschlechtes. Eigenwillig! Ich, selbst ein Knabe von sechs Jahren, faszinierte mich früh für das Weibliche. Im Traum stand sie, die heute wohl eine erwachsene Frau ist und irgendwo im Harz lebt, vor mir, als Vierzehnjährige. Sie grüßt freundlich, zeigt auf den Fluss, der zu unseren Füßen liegt. Ihre zarten Finger weisen zum anderen Ufer.

Erinnerungssplitter:

Rauch fährt mir ins Gesicht. Ich bin fünf Jahre alt. Trete durch eine hölzerne Tür, die Tür eines gutbürgerlichen Hauses, das in der DDR stark verkommen, nun vier Familien als Heim dient. Auf dem Tisch stehen Aschenbecher. Blau-braun bemalt, aus bulgarischer Produktion. Ilona war hier - die uns bestahl. Stunden später liege ich in Bett neben meiner Mutter, blass vor Angst. ER schlägt an die Tür. Wie immer im Rausche des Arcanums stehend. Ich hasse und liebe ihn. Er ist mein Vater. Er tobt. Mutter weint... Er darf nicht hinein, sonst müssen wir um unser Leben fürchten. Neulich sah ich die beiden. Er versuchte Sie zu ersticken... Ich weinte....

3. Dezember 200...

Waldspaziergang

Ein *Carabus auratus* kreuzt meinen Weg. Der wunderbare Goldlaufkäfer trägt einen Regenwurm in den Fängen. Schnell läuft er unter das Laub. Gleich wird sein Speichel das Fleisch des Wurmes auflösen. Der Zersetzungsprozess entzieht sich meinen Augen. Ich liebe das schöne Tier, wäre gern es selbst. Es ist eigentlich kaum im Wald anzutreffen – statt dessen in Gärten. Nein, mein Käfer fällt nicht auf den kafkadesken Rücken ......

Tagtraum:

Ich nähere mich einer alten Eiche; verschmelze mit ihr. Langsam dringe ich ein. Moleküle durchsetzen sich. Doch harmonisches Fühlen treibt nur mich – nicht sie. Ihr alter Leib empfindet den Fremdkörper und presst ihn aus sich heraus. Ich spüre die Säfte, die das gelblich-weiße Stammfleisch nutzt, mich zu verdrängen. Zur Krone gelangt, wird mein zerteilter Körper durch die Äste in die Blätter getrieben. Das Grün schwitzt mich aus. Tropfen fallen zu Boden – ich vereinige mich in ihm. Dieser Erdgeruch! – nichts geht über ihn.

Der Tagtraum weckt Hoffnung auf Ruhe und innere Ausgeglichenheit. Ich denke an Thoreaus *Walden*.[1] Utopie der Innerlichkeit. Kleidung und Besitz sind dem amerikanischen Waldgänger egal. Er lebt ganz sich selbst, verachtet die öffentliche Meinung, scheut den Plebs. Und doch ist seine Schrift eine pädagogische, gerichtet auf die Erziehung der Massen.

Erinnerungssplitter II:

Ich stehe in Uniform, die ich immer so ersehnte. Antreten. Formaldienst. Ein pickliger Mensch steht neben mir - Fahnenjunker Rübker. Schreit oder glaubt zu schreien: Schütze K. Gleichschritt aufnehmen. Er widert mich an. Weder ist er Soldat noch sonst irgendwie brauchbar. Ich bin beim Bund. Hier zählen nur die, die etwas auf sich halten. Großkotze – bis das Studium kommt.....

Alle in der Gruppe sind stolz auf ihren „Gruppenführer", der zugibt ein „Hooligan" zu sein. Menschenmüll!

1

Thoreau, Henry D.: Walden oder Leben in den Wäldern, hrsg. von Walther Fischer, Leipzig o.J. Die Fußnoten basieren auf denen in der Büchersammlung des Unglücklichen vorgefundenen Ausgaben (Martin Kankel)

5. Dezember 200... Dienstag **B.**

Tagtraum:

Ein dunkelhaariges Mädchen steht, hell strahlt ihr Kleid. Sieh´ ihr Lachen, sieh´ der Zähne weiß. Ich erblicke einen tönernen Krug. Langsam fließt eine zähe braune Masse in einen Becher. Sie überreicht ihn mir lächelnd. Der Inhalt schmeckt süß. Sie schreitet zur Tür. Dreht sich um. Lächelt erneut. Schon fällt die Tür ins Schloss. Ich aber stehe und warte. Süßer Brei verklebt mir die Lippen.

Lektüre:

Samuel Butler, Von Schwätzern, Schwärmern und Halunken[2] (begonnen und abgeschlossen)

Sehr witzige Abhandlung über das Wesen unterschiedlicher Menschentypen. Dort u.a.:

2

Butler, Samuel: Von Schwätzern, Schwärmern und Halunken, hrsg. von Anselm Schlösser, Leipzig 1984.

„Ein Säufer hat einen Weg gefunden, nicht nur seine Jugend, sondern auch seine Kindheit wiederzugewinnen, indem er sich wie der alte Äson in Alkohol schmoren lässt, ...; denn er ist wieder ein Kind aus zweiter Hand, keineswegs abgenutzt, sondern so gänzlich frisch, einfältig und schwach, wie er ursprünglich war."

Noch gelungener sind die Passagen über den Verliebten:

„Er bindet sich selbst und schreit, er sei seines Herzens beraubt, und legt das der Unschuldigen zur Last, nur um gute Entschädigung oder ein anderes dafür zu bekommen, ganz gegen Ehre und Gewissen. Er redet viel von seiner Flamme und behauptet, die Augen seiner Angebeteten hätten ihn verbrannt, wofür er Genugtuung von ihr fordert, wie wenn einer sein Haus in Brand steckt, um eine Anweisung für wohltätige Zuwendungen zu bekommen. [...] Er verliebt sich, wie andere Leute erkranken, wenn ihre Körper dazu neigen, und schreibt das dem Charme seiner Angebeteten zu, [...]

Wenn seine Wünsche erwachsen sind, schwärmen sie und fliegen aus, um einen neuen Wohnsitz zu suchen; [...] . *Liebe ist nur ein Tripper des Geistes*, eine Art Ausfluss der Phantasie; wenn ihr nicht rechtzeitig Einhalt geboten wird, bricht sie nach außen durch in Schwärmen von heroischen Versen; denn alle Verliebten sind vorübergehend Dichter und machen aus ihren Damen eine Art

Mosaik verschiedenfarbiger Steine, zusammengefügt durch eine starke Phantasie, aber sehr steif und unnatürlich; und obwohl sie die Sterne vom Himmel stehlen wie Prometheus das Feuer, um sie zu beseelen, wird all das sie nicht lebendig machen noch die Lebendigen liebend."

Liebe als Krankheit? Ich las jüngst irgendwo, dass auch die alten Griechen die Liebe als Krankheit der Seele bezeichnet hätten. Der Bezug zum „Tripper" stellt, vielleicht von Butler unbewusst, die Brücke zum Rein-Geschlechtlichen her. Eine gänzlich unzulängliche Art das große Gefühl zu betrachten! Andererseits ist es wohl richtig es als Form des Krankhaften aufzufassen. Lässt nicht Thomas Mann seinen Settembrini, oder war es doch Naphta, einen Vortrag zum Thema „Die Liebe als Krankheit bildende Macht" halten? – Alle empfinden gleich....

7. Dezember 200.. Donnerstag   B.

B. und F. befinden sich in Weimar. Ich hingegen blieb daheim, um zu arbeiten. Leider läuft es erst heute wieder recht gut. Die Ursache meiner gegenwärtigen „Arbeitsunfähigkeit" liegt nicht so sehr in dem ständigen „Sich-ausgebrannt-fühlen", sondern erstaunlicher Weise trägt eine gewisse emotionale Aufgewühltheit dazu bei – kurzum, eine Schwärmerei für die 21jährige S. ist hieran schuld. Konnte gestern kaum schlafen. Oft weile ich in Gedanken bei ihr.

Ich fluche über diesen Nonsens, für den ich mich nicht nur zu alt glaube, sondern, der auch meine familiäre Situation in Frage stellen könnte. Ich hasse dieses Gefühl scheinbaren Verliebtseins, und doch fasziniert es mich. Glücklicher Weise scheint der innere Kampf auch schon wieder gebannt. S. sorgt nun selbst dafür, mich wieder zu innerlichem Frieden kommen zu lassen. So erzählte sie heute derart viele abfällige Bemerkungen über Familien und Kinder, dass sich in mir Abscheu vor derartiger Egomanie regt. Ich weiß nicht recht, wie ich sie beurteilen soll. Ihre Worte zeichnen einen Charakter, der Fragen des Geschlechtslebens und des geschlechtlichen Umganges gegenüber besonders aufgeschlossen scheint. Sie, die zu Hause einen Freund zu sitzen hat, scheut sich doch nicht einen Kommilitonen zu küssen. Wahrlich, die beiden passen gut zusammen. Ich weiß überhaupt nicht mehr, was ich empfinde. Hin- und Hergerissen zwischen Zuneigung und Distanz. S. erinnert mich an eine frühere Bekanntschaft. Einmal mehr erweist sich, welch´ unglaubliches Glück mir zuteilwurde, da ich B. kennen lernte. Ich liebe Sie heute umso mehr!

Aber da ist dieses Mädchen. Zehn Jahre jünger als ich. Sie ist so naiv und doch so klug.

9 oder 10. Dezember 200.. B.

Der Hang zum Unverbrauchten ist nur ein letztes Aufflammen verglimmender Lebenslust, ein kurz aufflackerndes Licht. Ich muss meine Position zu Sophia schnellstmöglich wieder auf einen normalen Fuß setzen. Auch an ihr spüre ich den Stachel des Jüngeren.

Dunkelgefärbtes, gescheiteltes Haar, sommersprossiges fröhliches Gesicht. Klein und zierlich, dennoch von schönem Wuchs. Schmalbrüstig. Die Nase in leichter Hakenform. Ein sehr interessanter Habitus. Die blauen Augen blicken immer fröhlich und zuversichtlich in die Welt. Allen gegenüber zunächst aufgeschlossen, kann sie dem, den sie als unsympathisch nach näherem Umgang empfindet, gleichsam mit aufrichtiger Abneigung begegnen.

Bei vielen Frauen wirkt übermäßiger Putz aufdringlich und billig. Sophia hingegen versteht es, mit ein wenig Schminke die Vorzüge ihres Äußeren dezent zu betonen. Und doch ist es nicht ihr interessantes Aussehen, das mich in den Bann zieht. Ihre wunderbare Art ist es!

Gesteh´ es dir ruhig ein: Du liebst Sie!

Nein!

11. Dezember 200...

SOPHIA hielt heute Ihre erste Deutschstunde. 16 Augenpaare sind auf die kleine Frau gerichtet. Sie, die so oft vor vielen Studenten sprach, zeigte sich durchaus in starkem Maße aufgebracht und nervös. Schwächen machen den anderen sympathisch. Die männlichen Schüler haben sofort Feuer gefangen. Und doch: Zierlichkeit verleitet die jungen „Pimpfe" zu Obszönitäten, die die junge Lehramtskandidatin nicht wahrnimmt. Ihre fachliche Versiertheit verschafft ihr schnell Achtung. Sie vermag es ihre saubere Unterrichtsstruktur in ein angemessenes Tafelbild umzusetzen.

Dickbebrillte Augen, geschützt durch Plaste blinzeln freundlich. Kreidestaub hebt und senkt sich, getrieben vom Hauche des Atems, der dieser Brust entstammt.

Oh deine Stimme, Sophia! Du bist Echo gleich, der Nymphe, die da starb, unverschuldet, als Opfer des verliebten Pan. Als dritte Liebe des Hirtengottes erwiderte sie dessen Gefühle nicht. Durch die Stimme verzauberte sie den mächtigen Syrinxspieler.

13. Dezember 200... B.

Gestern suchte ich ein asiatisches Restaurant in der Bahnhofspassage auf. Das Tagebuch führend, begann ich zu trinken. Ich trank und trank, vergaß die Zeit, vergaß mich; ging angetrunken über den Bahnhof. Traurigkeit durchdringt mich. Ich schlummere am Tisch ein. Erwache plötzlich. Gefühl sich blamiert zu haben. Wie nun, wenn mich jemand, der mich kennt, so sah. Vielleicht gar Sophia, die vorüberging?

Ich schlendere aus dem Bahnhof hinunter zum Fluss. Weinend sitze ich an seinem Ufer. Es war doch falsch, dieses zweite Studium zu beginnen. Stattdessen hätte ich mein Glück weiter unter Historikern suchen sollen. Schließlich konnte ich bereits einige gelungene Aufsatzpublikationen[3] vorweisen. Das Studium bedeutet für mich täglichen, unentwegten Kampf. Das geistlose Auswendiglernen, dieses jonglieren mit Formeln und Zahlen – ekelhaft. Die Emotionen zerfressen mich, lassen mich altern.

3

Vorgefunden wurden drei Sonderdrucke folgender Aufsätze: Der Tod als Erzieher im Wandel der Zeiten, in: Zeitschrift für Postmoderne Geschichte 3 (1998), S. 523-542; Ares et Thanatos. Zum Typus des ewigen Soldaten dargestellt am Beipiel Karls XII und Ernst Jüngers, in: Militärkultur 42 (2001), S. 218-245; Krieg in den frühneuzeitlichen Utopien dargestellt am Beispiel der Felseninsel ´Johann Gottfried Schnabels, in: Literatur und Mach 2 (2000), S 45-78.

„Klage nicht, Kämpfe!" Jedoch wie lange denn noch? Und dann jetzt dieser Hang zu einer zehn Jahre jüngeren Frau. Ist sie denn nicht doch eher noch ein unreifes Mädchen?

Lektüren:

Ovid, remedia amoris (begonnen) Vielleicht hilft mir die Lektüre, dieses noch unbestimmte Sich-hingezogen-fühlen zu verdrängen

Euripides, Alkestis (begonnen und abgeschlossen)
(genial! Thema: Frau wählt den Tod, um das Leben ihres Mannes zu bewahren. Ihr Mann aber, ein widerlicher Schwächling, weiß nichts anderes denn zu verzweifeln. Fein ist die Beschreibung des Thanatos, des schönen Gottes des Todes. Phoebos Apoll hat ihm den Ehemann der Alkestis entrissen. Thanathos verteidigt nun seine Beute)

Julien Offray de la Mettrie, Von der Kunst Wollust zu empfinden (begonnen)
(Der Titel schreckt etwas ab und führt aber zu falschen Erwartungen. De la Mettrie, Atheist und Vorleser am Hofe Friedrich II., beschreibt anhand einer Beziehung die Befreiung des Menschen von gesellschaftlichen Konventionen. Er nimmt das

Freudsche Über-Ich vorweg. Sehr schön! De la Mettrie ist ein unglaublicher Sarkast.)

15. Dezember 200.. B

Bliebe mir die Wahl eines einzigen Buches, während man mir alle anderen wegnähme, ich würde mich für die hermetischen Schriften entscheiden.

Verum, sine mendacio...[4]

Verum, sine medacio, te amo!

Ich sehe in blaue Flammen, züngelnd treiben sie das Nichts empor. Verbrennende Gase.
Eine Hand in die Flamme haltend erhoffe ich den Schmerz, auf das er den anderen bekämpfe.
Tat dies nicht auch Nietzsche. Gewiss, er war jünger.....

22. Dezember 200.. B.

Schwere emotionale Krise. In der letzten Woche gelang es mir zunächst, die Zuneigung zu S. gut in den Griff zu bekommen.

---

4 Es ist wahr, und ohne jede Lüge.... - Anfang der Tabula Smaragdina

Viele ihrer Äußerungen passen mir überhaupt nicht. Sie scheint tatsächlich eine auf Äußerlichkeiten bedachte Frau zu sein. Zudem will sie keine Kinder – Egozentrik wie aller Orten. Dennoch – seit zwei Tagen wieder unendlich aufgewühlt und ihr zugetan. Ich empfinde diese Zuneigung, von Liebe will ich noch nicht sprechen, als Krankheit. Eine gefährliche Seuche, die mich hindert, klare Gedanken zu fassen. Sie bedroht alles Geschaffene. Hoffentlich genese ich möglichst zügig.

Ich habe sie vielleicht verletzt!? Immer diese Angst, Fehler zu begehen.

Ernst Jünger verzeichnet am 24. Februar 1943 in sein Tagebuch:

„Es gibt ein Sterben, das schlimmer ist als der Tod und das darin besteht, dass ein geliebter Mensch das Bild, mit dem wir in ihm lebten, in sich abtötet. Wir löschen in ihm aus. Das kann durch dunkle Strahlungen kommen, die wir senden; die Blüten schließen sich leise vor uns zu."

Wie sehr treffen diese Worte, jenes von mir befürchtete Verletzten dieser wunderbaren jungen Frau.

Ich denke zurück an jene erste Stunde, die wir zur Übung vor Kommilitonen absolvierten.

Da ich vor Dich und die anderen trat, Sophia, wie sahst Du mich da an. Ganz ruhig. Ich wandte mich an Dich: „Sophia, ...?" Das

Tafelbild war grausam. Meine Stimme wie immer, fest, kompromisslos und auf sprachliche Durchformung bedacht. Dies nahmen die Anwesenden positiv auf. Auch Du, Sophia.

Dann – meine erste Stunde im neuen Fach vor einer Klasse. Ich verfuhr durchaus schroff mit Schülern, die unaufmerksam waren oder meinen Anweisungen nicht sofort folgten. Dies begeisterte Dich geradezu.

Ich sah dich immer und immer wieder an, Sophia. Sommersprossen und dieses wunderbare Lächeln. Ich sehe es bei Tag und Nacht. In meinem Herzen wütet der ewige Gott. Bitte gib mich wieder frei. Sieh wie ich leide! Sieh neben mir liegt meine Frau, die ich doch auch liebe. Weilte ich doch an ihrer Seite, da sie unseren Jungen gebar. Eros, fühlst du nicht, dass dein Pfeil ins Herz den Falschen traf. Tiamat – das längst besiegt geglaubte Chaos meiner Jugendtage ist nun neu erwacht. Komm großer Marduk und töte Tiamat in mir, forme sie um, in den Himmel an dem auch mir wieder eine Sonne hell und lachend erscheint und schaffe die Erde auch aus ihr, die man mir unter den Beinen fortriss.

23. Dezember 200.. B.

Ein weiteres Symptom meiner geistigen und emotionalen Verirrung tritt nun zu Tage: Eifersucht. Nun rede ich mir schon ein Christian H., der SOPHIA zu Weihnachten ein Küchlein schenkte, könnte etwas von ihr wollen. Heute bezog er sie sogar in ein Weihnachtsanschreiben mit ein. Ich hingegen behandelte sie schlecht! Warum?

Warum vor allem diese unsinnigen Gedanken. Dieses ewig sich selbst nährende Hirnsezieren. Mein Magen schmerzt, ständig flaues Gefühl und in Gedanken nur noch SOPHIA. Warum hasse ich mich hierfür? Sie ist im Sinne Schopenhauers nichts denn eine Objektivation des Willens zum Sein. Fasse sie als derartiges Abstraktum auf und bemühe dich, sie zu vergessen!

Wie könnte ich? Alles in mir verwirrt sich. Ich gebe mich dem Gefühl hin, verrückt zu werden. Der Wahn frisst sich schleichend in die Seele. Vor mir ihr Gesicht: Dunkel gefärbtes Haar, blaue Augen. Nicht nur im Äußeren weist sie Ähnlichkeiten zu K., der früheren Bekannten, auf. Gerade die Geistesart verbindet diese beiden Charaktere. Wie lange wird sie noch zu mir aufsehen? Wann wird auch in ihr das Bild, das sie von mir in sich trägt ersterben? Vielleicht ist dies schon der Fall. Ich glaube, hier sollte ich auch nach der Ursache meiner Unruhe suchen. Ja, ich glaube sie verletzt zu haben. Ich schrieb ihr mails, sie antwortete nie.

Dies ist nicht ungewöhnlich und zieht sich als eine Verhaltenskonstante durch die zahllosen Abhandlungen zum Thema Liebe. Ovid äußert schon in seiner Liebeskunst die

Auffassung, dass das Antwortverhalten der Frau kaum etwas über ihre wahren Gefühle aussagt.

Doch was nützt dieses Wissen. Das Gefühl, der emotional Unterlegene zu sein, quält doch.

Lektüren:

Jünger vormittags, abends Schopenhauers Welt als Wille und Vorstellung. Heute auch endlich wieder eine Seite für das neue Buch zustande gebracht.

Große Freude bereitet mir die Lektüre meines Schopenhauer. Bücher sind ohnehin wie fremde Gegenden, die wir bereisen können, obwohl ihre Schöpfer längst verstorben sind, vermitteln sie uns deren Geist. Zumindest ein Teil ihres Denkens erschließt sich dem Sehenden. Bei Schopenhauer findet sich eine schöne Erörterung des „Begriffes" Gefühl.

Die Begriffsinhalte sind derart ausgedehnt, dass....

Selbstbezogenheit und Verunsicherung lenkt mich wieder ab. Auch wenn sie nicht mehr an dich denkt, dich quält das Gefühl etwas Falsches gesagt zu haben.

Ruf an!

Nein! Ich gäbe mich unweigerlich der Lächerlichkeit preis – ich, ein verheirateter 31jähriger Mann. Zudem versteht sie mich ohnehin nicht. Wie soll ich mich dieser inneren Angriffe nur erwehren? Sie ist immer so fröhlich. Meine eigene äußere Stärke ist nur aufgesetzt. Ich erinnere mich einer Passage im Tao te King: „Alle sind fröhlich als säßen sie zechend beim Opferfeste, nur ich bin dunkel verhangen" (sinngemäß)

Oh Sophia – .....
Zeichen geistigen Verkommens – Ich falle.

24. Dezember 200.. B.

Diätphase fortgesetzt. Heute wie gestern viel Ruhe. Heute sogar nichts dem Manuskript hinzugefügt. Internetlektüre des Suhrkamp – Kataloges. Jährlich gehen in diesem Frankfurter Verlag 3000 Manuskripte ein. Die Deutschen – ein Volk von Schreibenden – Schön, doch zugleich auch bedrückend. Wie viel Raum bleibt meinen Schriften, meinem Denken?
Gedanken an SOPHIA nicht mehr so quälend. Mulmiges Bauchgefühl weicht etwas. Hatte mich eigentlich auf die Feiertage gefreut, da ich nun in Ruhe arbeiten könnte. Doch der Gedanke sie verprellt zu haben, zerschlägt alle Hoffnung - Was soll mir das?

Jünger: Strahlungen II S. 79. Eros bringt neue Jugend:

„Das ist mit dem Augenblick vergleichbar, in dem eine Frau, die man lange gleichgültig oder auch freundschaftlich betrachtete, erotische Bedeutung annimmt; in ihm verändert sich alles ganz und gar"

Jünger ist ein Verrückter. Sein filigranes Geschwätz und seine pseudointellektuellen Anwandelungen verderben mir den Geschmack an seinen Schriften, den ich zunächst fasste. Dennoch bisweilen äußert interessante, anregende Lektüre.
So entspricht das obgenannte Zitat exakt meinen Empfindungen. Sophia kenne ich seit zwei Jahren. Im Oktober 200.. sah ich sie zum ersten Male. Sie war damals 19 und in Gestik, Mimik und Rede wie auch körperlich noch recht infantil. Ihr feines Wesen gefiel mir schon damals, jedoch hätte ich nie gedacht, mich in sie verlieben zu können – in ein Kind.
Damals stürzte ich mich in das Abenteuer eines naturwissenschaftlichen Studiums, weil ich die Verstandeskälte ersehnte und liebte. Historiker waren für mich, der ich selbst einer war, Lügner. Zudem stellte ich einen gut bezahlten Lügner dar. Heute jedoch empfinde ich den Umgang mit beiden Fächern als schmerzhaft.

Einst dachte ich, ich sei zum Soldaten geboren. Nichts erstrebte ich mehr als den grauen Rock. Kaum aber trug ich das saubere Waffenkleid, erkannte ich: Zum guten Soldaten taugst du nicht, denn du denkst zu viel. Dann, infolge des brillanten Studienergebnisses im Erststudium, hielt ich mich für einen guten Historiker. Wie bitter aber keimte in mir die Erkenntnis: auch hierzu taugst du nicht, denn Heuchelei liegt dir fern und du kannst schreiben! Da begann ich den Traum vom Lehrer zu träumen. Anderen Menschen etwas beibringen. Wer weiß wie es ausgeht...

Manchmal denke ich mit Gottfried Benn:

„Das Gehirn ist ein Irrweg. Ein Bluff für die Mittelschicht. .... Wir wollen den Traum. Wir wollen den Rausch. Wir rufen Dionysos und Ithaka!" (sinngemäß)

25. Dezember 200.. Montag B.

Lektüre:

Eckerman, Gespräche mit Goethe (fortgesetzt)
Jünger, Strahlungen II

Jünger tritt seinen Lesern nicht ehrlich gegenüber. Der Offizier, der sich den ganzen Tag nur mit Schöngeistigem zu befassen scheint oder auf „Subtile Jagd" geht, wie er die Suche nach entomologischen Besonderheiten nennt, mag es vielleicht noch im Kaiserreich gegeben haben, sicher aber nicht mehr im zweiten Weltenbrand. Mittlerweile gefallen mir seine Verrücktheiten.

Erstaunlicher Weise schwindet allmählich die Sehnsucht und emotionale Aufgewühltheit. Bin wieder ruhiger. Zunächst nur beim Lesen. Hoffentlich bis morgen auch im Arbeiten. Vielleicht bin ich doch schon etwas zu alt.

Jünger sinngemäß: Die Liebe zu einer Frau macht uns impotent gegen andere.

B. kann mir ohnehin niemand ersetzen. Nur durch sie konnte ich bislang leisten, was ich leistete. Knappe Website auf AOL angelegt. Nahm nur wesentliche Veröffentlichungen auf. Kurzer Verweis auf journalistische Arbeiten. Hoffentlich kann im nächsten Jahr mein Gedichtband erscheinen. Viele Projekte schwirren mir im Kopf – wenn nur das Studium endlich beendet und ich in Lohn und Brot wäre!

Aber dann sähe ich SOPHIA nicht mehr. Alleine der Anblick ist mir das Studium wert. Weiterhin viel Nachdenken über sie. Ihr Hang zu Äußerlichkeiten ist der Tribut, den sie der Oberflächenwelt zollt. Wenn man bedenkt, dass sie einige Zeit mit Freunden zu verbringen scheint, zudem im Fachschaftsrat sitzt und noch zwei Fächer sowie Pädagogik studiert – unglaublich! Sie ist viel intelligenter als sie sich selbst zugesteht. Ich denke an die mit ihr geführten Gespräche. Warum zeichnet sie ihren Partner in einem so unvorteilhaften Licht. Wie ein Fünfjähriger benehme er sich. Sie brauche keine Kinder, da sie ihn besitze usw., perge, perge ....

27. Dezember 200.. Mittwoch B.

Lektüre:

Gasset, Über die Liebe (begonnen)

Des Spaniers Meditationen wirken mir insgesamt zu kühl, ganz so, als habe er selbst nie dieses Gefühl des sich auflösenden Selbst erlebt. Richtig erscheint mir Gassets Annahme, die Frau liebe den Genius nicht. Sicher mag die intelligente Frau den ihr ebenbürtigen oder sogar geistig überlegenen Mann. Unerträglich jedoch wird ihr der Mann, der nur im Seelisch-Geistigen lebt. Viel wichtiger dürfte körperliche Zuneigung sein. Mir fällt immer wieder der weibliche Hang zur physisch-ästhetischen Betrachtung auf. An sich und an der anderen sucht und findet sie unablässig Formen des Unvollendeten, des Unvollkommenen. Frauen sind erdgebundener. Ihr Zyklus haftet stärker im Ewigen. So sind denn auch die Alten rationaler, vermännlichter als die Jungen. Mit dem Blute tritt das Kranke aus. Körperkräfte erneuern sich. Das alte vielbeschworene Heilmittel des Zur-Ader-Lassens basiert hierauf, auch der Hang zum Amethyst.

Heute ziemlich vertrackte mail an SOPHIA geschrieben[5]. Hoffentlich nimm sie mir die nicht übel. Sicher deutet sie die Sarkasmen falsch, die doch nichts anderes sagen wollen, als: Ich denke an Dich.

Ich werde immer trivialer.

Im Grunde ist es doch falsch zu glauben, weil ich permanent an sie denke, nehme auch ich eine zentrale Stellung in ihrem Denken ein. Gewiss nicht. Sicher spricht, scherzt, lacht, weint, glaubt, hofft, lernt sie mit ihren zahlreichen Verwandten und verschwendet nicht den geringsten Gedanken an mich. Wie schön wäre es, könnten wir in Seele und Herz des anderen blicken. Was wissen wir denn überhaupt vom Anderen. Ich kenne B., meine liebe Frau, nun seit elf Jahren und dennoch. Ihre Lebensgewohnheiten, ihre Schwächen und Stärken sind mir bekannt. Ihre Gedanken, Träume und Wünsche hingegen werden mir nur durch einen Filter zuteil, der meine Position im Voraus prüft und alles was dieser zu wider läuft von vorne herein wegnimmt. Dieses Spiel des Tarnens und Offenbarens ist in

---

5 Ave SOPHIA, Du kümmerst Dich sogar über Weihnachten/Neujahr noch um Deine Kommilitonen!? Als ich heute das kleine Schokoladen-weihnachtsmännlein, das Du mir gabst, im Auto suchte, stellte ich fest, dass es irgendjemand schon auf(fr)ass. Vielleicht mein Söhnlein. Nun ist die Reliquie dahin, das heilige Erinnerungsstück! Herzliche Grüße

Bezug auf einen anderen Menschen, einen Unbekannten, noch stärker.

Im Internet sehe ich ihr Bild, ihr feines lächelndes Gesicht. Die Seele sehe ich nicht. Besehe ich es recht, so könnte hinter jenem schönen Antlitz sich auch ein hässlicher Abgrund befinden, der nichts als Häme kennt, der mich verlacht. Gedanken an das Bildnis des Dorian Grey.

Diese Kälte, als läge man in einem Bett, geschaffen aus Eis. Fürwahr: „Liebe ist kälter als der Tod".

Kurze mail an Frank über Jünger-Lektüre.

„Wir stehen wie Klippen in der lautlosen Brandung der Ewigkeit"
Ernst Jünger, Strahlungen II

Jünger fortgesetzt. An derartigen Personen, wie auch an Menschen die mich umgeben, beispielsweise Christian H. und Nasdja M., wird mir immer bewusst, wie sehr es mir an tatsächlicher Bildung gebricht. Beide beherrschen einige Sprachen, ich nur etwas Englisch und Dänisch.

Christian ist ein erstaunlicher Mensch. Obgleich zwei oder drei Jahre jünger, erscheint er mir doch innerlich ruhiger und ausgeglichener, ja sogar reifer als ich zu sein. Nach allem was ich bislang vernahm, ist er Diplombiologe und arbeitete zwei Jahre in unterschiedlichen Ländern des schwarzen Kontinentes. Zudem hat er Teile Südamerikas bereist.

Ich sah ihn nun mehrfach vor der Klasse. Ein wahres Talent. Schon in der ersten Stunde bewunderte ich den schönen Draht zur Klasse. Was ihm fehlt ist gleichsam etwas mehr Distanz zu seinen Schülern, die ihm zweifelsohne nach kürzester Zeit auf der Nase rumtanzen würden. Fachlich ist der Mann brillant; und doch ein typisch naturwissenschaftlicher Geist. Neben Nasdja M. ist er der interessanteste Mensch, den ich bislang im Studium kennenlernte.

Es ist doch eigentlich sehr erstaunlich, geistig ziehen mich die beiden mehr in ihren Bann als Sophia. Was bezaubert mich? Warum steht sie und nicht Nasdja im Zentrum meines Wünschens?

Lektüre:

Sigmund Freud, Über einen besonderen Typus der Objektwahl beim Manne, 1910. (begonnen und abgeschlossen)

Das kokette Weib zieht den Mann in den Bann. Eine Frau, die dem Geschlechtsleben aufgeschlossen gegenüber zu stehen scheint. Dabei interessiert den Buhlen keineswegs, ob die Betreffende liiert ist. Besitzt sie einen Partner, so wird dieser in höherem Maße akzeptiert als ein anderer Mitbewerber.

Sigmund Freud, Über die weibliche Sexualität, 1931 (begonnen und abgeschlossen)

...

Vielleicht liegt im Gehalte dieser beiden Abhandlungen der Schlüssel für die eigenartige Affinität, die ich letzter Zeit entwickelte.

Doch kommen wir zu Nasdja. Eine in Kasachstan geborene Russlanddeutsche, die allerdings ihre deutschen Wurzeln offensichtlich gar nicht wahrnimmt. Ohne es zu wissen, trägt sie viel Deutsches in sich. Beispielsweise eine gewisse Abneigung gegen ihre Identität, erhoffte Verwurzelung im Russischen. Sie liebt die russische Kultur unendlich. Vom ersten Augenblick fiel sie mir durch den Willen zum Erfolg auf. Strebsam, trug sie ihr Herz dennoch auf der Zunge. In gewisser Hinsicht erkenne ich Züge meines eigenen Denkens und Fühlens in ihr. Auch sie besitzt die Fähigkeit ihre eigenen Interessen gegenüber dem Notwendigen zurückzusetzen. Die Naturwissenschaften liegen ihr nicht, auch wenn sie sich fortwährend an den Gedanken eines tieferen Interesses zu klammern scheint. Fortwährend sitzt sie während der Vorlesungen in den ersten Reihen, den Blick dem Dozenten zugewandt, in der Hoffnung, nun alles zu verstehen. Diese beständige Prüfung, die nichts als eine permanente

Verneinung des Herzens ist. Die Kälte des Stoffes, den sich „einzuprügeln" man sie nötigt. Stoff der nie mehr gefordert sein würde. Nach einer dieser Stunden, die den Sadismus des Lehrenden zu befrieden dienten, standen wir beieinander. Ich erörterte ihr mein Interesse an russischer Literatur und Geschichte. Sie aber stand da, den Tränen nahe. Ein Inneres Nein zu all´ dem Positivistischen, das sie sich einverleiben sollte, schrie in ihr. Sie sprach von ihrer möglichen Niederlage. Sie wisse nicht mehr wo ihr der Kopf stehe.

Auch sie ist sehr schön und doch immer wieder drängt sich Sophia in meine Gedanken.

28. Dezember 200... B

Der Winter bricht ins Land und malt die Welt in allen Dingen weiß. Flocken, Milliarden Kristalle sind gefallen und auf dunklem Boden vergangen, Zeichen der Sterblichkeit alles Individuellen. Fiele der Schnee auch in mein Glas, es färbte sich schwarz, so schwarz wie Ebenholz – Zeichen des Todes unschuldiger Jungfräulichkeit. Im toten Mädchen erblicken wir den metaphorischen Rausch vergangener Generationen.

Wir aber wollen sein, wollen nicht vergehen. Mit jedem Atemzuge denken wir „memento mori". Und eben weil diese

Gewissheit des eigenen Todes uns in jedem Lebewesen vor Augen tritt, schäme ich mich nicht meiner Gedanken noch Taten und erst recht nicht meiner Zuneigung zu einem anderen Menschen. Mag man meine Äußerungen lächerlich empfinden. Spott ist ein fabelhafter Lehrmeister! Er zeigt uns die Dummheit der Einzelnen, die Rohheit des Ungeformten: jene Zonen, in denen die Paideia nicht wirkt.

„Liebe ist diejenige Zuneigung, die uns an den Vollkommenheiten des geliebten Gegenstandes Freude finden lässt, ...“
Leibniz, Theodizee I, S. 7

Lektüre:

Jünger Strahlungen II
Leibniz, Theodizee I

29. Dezember 200... Freitag B.

Heute endlich erscheint ein freies Arbeiten nun wieder möglich. Das Buch gedeiht. Ordnete Gedankengänge und brachte die Aufzeichnungen an die richtigen Positionen im Text. Dreizehn halbfertige Seiten. Vormittags, N. ist im Kindergarten, zerstreute

Einsichtnahme und Exzerption der Vorlesungsaufzeichnungen Sophias.

Gestern Nacht wieder Anfall kruder Sehnsucht, Eifersucht – Süchte, die materieller Droge nicht bedürfen. Es ist doch bemerkenswert, dass in Phasen emotionaler Verirrung die Musik mir zur Religion wird. Worte sind mir Fetisch dann – Und SIE ist Göttin mir.

Unsagbares Ensoph

Leise färbt mir Klang den Raum. Studierzimmer – Friedhof toter Gedanken. Kunstvoll-filigrane Klangwelten versetzen den Träumenden in Rausch. Vor mir ein Bild. Dämon – Und doch so schön, und doch so nett.

So fahre ich fort, die Trauben des Dionysischen in mir zu keltern: Gedankensaat. Was aber ist Verrücktsein. Nichts atmet so den Sinn, wie das wunderbare Deutsch.

Ich bin ver-rückt. Abseits stehe ich. „Verrücktsein" ist jener Zustand materiellen Seins und geistiger Darbietung des Selbst mit dem die Anderen nicht mehr klarkommen.

Ich stehe außerhalb der Zunft der Schwätzer.

30. Dezember 200.... B

Lektüre:

Jünger: Strahlungen II abgeschlossen (29.12)
Voltaire: Mikromegas abgeschlossen
Jünger Strahlungen I (begonnen)

Arbeit:

1. Abschrift der Unterlagen Sophias zur Didaktik
2. Arbeit an Projektvorschlag an C.
3. Arbeit am Manuskript

Briefwechsel: Auftragsbestätigung für drei Artikel durch Zeitung
Publikationstätigkeit 200..
Quantitativ war 200... ein recht gutes Jahr. Insgesamt sind sieben
Publikationen aus meiner Feder erschienen, u.a. ein wichtiger
philosophischer Aufsatz und der Aufsatz über Kriegführung im
alten China.

„Unrecht wird oft vergeben, Verachtung niemals" Chesterfield:
Briefe an seinen Sohn.

Ich fand dieses schöne Zitat beim Blättern. Nehmen wir es ernst, so heißt dies aber auch, dass, wer verletzten will, es am klügsten anstellt, wenn er seinen Gegner Verachtung spüren lässt.

„Es gibt nur eines, das uns nie verlässt – die Lebensstimmung, die seit dem ersten Bewusstsein die gleiche bleibt, wie eine Melodie, die immer wiederkehrt und deren Takte noch spielen, wenn das Schiff sinkt."
Ernst Jünger, Strahlungen I

Besinne ich es recht, so trugen mich seit meiner frühesten Kindheit zwei sich scheinbar widersprechende Gefühle – tiefe Melancholie und verbissen-kalte Grausamkeit. Verneinung der eigener Wünsche, Härte und Kälte gegen eigenes Wollen, das sich im scheinbaren Hass auf Andere äußert. Dies lies mich im späteren Leben Dinge ertragen, die meiner eher schwächlichen Natur gänzlich zu wider liefen. – Selbststilisierung, Selbststigmatisierung!
Zum Soldaten oder gar Offizier war ich weiß Gott nicht geschaffen. Und doch glaubte ich dies von frühester Kindheit auf - jahrelang. Vielleicht ist auch dieses ständige Denken an sie nur ein weiteres Trugbild, das als Metapher für den Hang zum Neuen, Unentdecktem steht. Lohnt es sich überhaupt in andere Regionen vorzustoßen, wenn es in der Heimat so angenehm ist. Und doch

gestern – erwachte ich mitten in der Nacht. Es mochte halb zwei gewesen sein. Ich sah sie vor mir, ganz deutlich hob sie sich aus dem Dunkel meines Zimmers ab. Wie in einem Nachtmahr, nur schrie ich nicht. Sie legte sich zu mir, meine Arme umschlossen sie. Ich sank zurück in die Kleider des Hypnos. Eine Hand berührt ihre Haut, ich drehe mich zur Seite, streiche ihr übers Haar, erschrecke nun doch, schreie nun doch – denn dort liegt meine liebe Frau.

31. Dezember 200.. B

Arbeit am Schilleraufsatz, mit dem ich nun doch recht zufrieden bin. Der Anmerkungsapparat ist sicher zu umfangreich und bedarf der Kürzung. Dabei hänge ich sehr an den Fußnoten.

Dann wieder und wieder. Ich stehe auf und renne von einem Zimmer in das nächste und wieder zurück. Wie ein Verrückter in Gedanken pflege ich pathetische Zwiegespräche mit ihr. Statt immerfort nach jener roten Substanz zu suchen, die Metalle in Gold und Silber zu verwandeln vermag, hätten die alten Alchemisten lieber ein Elixier finden sollen, mit dessen Hilfe man das Herz eines anderen zu gewinnen vermag.

Dies bringt mich auf den Gedanken, die Tabula smaragdina umzuformulieren. Beginnen müsste sie: Verum, sine mendacio, te amo, SOPHIA!

2. Januar 200... B Dienstag

Die ausgetretenen Winterpfade beschreitend erblickte ich eine junge Kiefer am Wegesrand. Ihr immergrünes Kleid glitzerte, überzogen von tausend kleinen Eiskristallen. Ganz nahe. Näher noch. Schon erschien die junge Krone mir sternengleich. Langsam ging ich den kleinen Waldhügel hinauf, der sich in unmittelbarer Nähe des Waldrandes befand. Oft hatte ich ihn mit N. aufgesucht, heimlich das rote Arcanum geniessend. Auch heute war es mit dabei. Langsam ließ ich etwas in den Schnee tropfen und beobachtete das Schmelzen des Schnees. Im Herbst noch bewegten sich Ameisen auf trockenem Laub. Ich nahm das Messer aus der Tasche und grub es so in den Schnee, dass es genau neben dem roten Arcanum einstach. Ihr Fleisch... oder doch das meine.

3. Januar 200... B Mittwoch

1. Arbeit am Manuskript
2. Dann gegen 8.00 in die Stadt – dort sah ich im Magazin Neukirchs Bearbeitung des Telemarch von Fenelon ein
3. Mittag
4. Bibliothek für Aufklärungsforschung: dort: „Biscayischer Robinson"
5. dann Schwimmen
6. schließlich: Landesbibliothek: vornehmlich am Zedler gearbeitet

Alles in allem also ein erfolgreicher Arbeitstag

Lektüre:

Marquis d´Argens „Die Verkettungen von Liebe und Glück"
Jünger, Strahlungen I

Am Abend erlebte ich dann wieder einen dieser unerträglichen emotionalen Schwächeanfälle. Sophia hält mich keiner mail für würdig. Die Enttäuschung steigert sich soweit, dass ich beinahe angerufen hätte. Gott sei´s gedankt unterließ ich dies. Abends las ich im Internet einen Artikel über die Liebe. Dort findet sich die empirische, die naturwissenschaftliche, die stoffliche Erklärung. Auch dieses Gefühl ist also sehr einfach und gut erklärbar. Wie doch der Positivismus gründlich allen Zauber zerstört!

4. Januar 200...

Wieder einen ganzen Tag im eigenen Hause verbracht und gearbeitet, mit kurzer Unterbrechung zwecks Ordnung finanzieller Angelegenheiten in der Sparkasse. Der Staat ist der größte Räuber! Sogar von den geringen Zinsen fordert er noch Steuern.

Korrespondenz:

Diverse Schreiben in wissenschaftlichen Angelegenheiten, Unterhaltssicherung, C., Kreiswehrersatzamt et cetera
Werde mich zwecks Geldbeschaffung nun doch wieder auf Wehrübung einlassen müssen.
Dann wieder Gedanken an Sophia. Heute erschien mir diese Angelegenheit sehr eigenartig, geradezu lächerlich. Ich liebe meine Frau. Ich bedarf meines Sohnes und meines Zuhauses. Dennoch hoffe ich sehr, dass Sophia mir nicht sauer ist, denn sie war mir bislang sehr nützlich und kann dies auch weiterhin sein.

Und doch spüre ich, dass der geringste Anlass – das Wiedersehen, das kleinste Gespräch reicht, um die nur leicht verschorfte Wunde wieder zum Bluten zu bringen.

„Die tiefsten Wunden muss ein edler Mensch dem andern schlagen"
Hebbel, Der einsame Weg.

„Alle Glücksgüter liegen nur in der Welt der Vorstellung"
Marquis d´Argens, Die Verkettungen von Liebe und Glück

Dieser Hang zu ihr – was bedeutet er? Er stellt keine Äußerung des Polygamen dar, das steht fest. Geschlechtliches Begehren kann ich bislang nicht ausmachen. Gerade dies ist es, was mich bedrückt. Ginge es nur um Sehnsucht nach geschlechtlicher Befriedigung, so bestünde keine Gefahr für meine Familie. Ich aber scheine sie tatsächlich derart ins Herz zu schließen, dass sie meine Frau zu verdrängen scheint.

"Palpita, Corazon, Palpita" – Schlage mein Herz, schlage. Und mit jedem Schlag schreie ihren Namen.

Siehe, Auge, siehe - und mit jedem Blick lasse ihr Antlitz aufblitzen...

5. Januar 200..

Traum:

Eine Gesellschaft junger Menschen, mehr als 50 Personen stark, trifft sich in einer Höhle. Ich gehöre auch dazu. Tief unter der Erde befindet sich ein großer Saal, lichtdurchflutet von künstlichem Schein. Eine opulent gedeckte Tafel. Im Hintergrund liegen Masken bereit. Der Eindruck einer bevorstehenden Orgie verfestigt sich. Sie soll auch kommen, ist aber nicht da. Enttäuschung – die Veranstaltung löst sich in Luft auf. Es ist Tag. Ich erhebe mich.

Lektüre:

Argens: Die Verkettungen von Liebe und Glück (abgeschlossen) (Im Grunde ein Trivialroman des 18. Jahrhunderts)
Begonnen: Lichtenberg, Sudelbücher I
Fortgesetzt:
Schwengler, Geschichte der Philosophie
Jünger, Strahlungen I

Bei Schwengler über Empedokles gelesen, der das heraklitische Prinzip des Werdens mit dem eleatischen des Seins verknüpft. Empedokles ist der Entdecker der vier Urelemente.

Interessantes Zitat bei Lichtenberg:
„Aus den Träumen der Menschen, wenn sie dieselben genau zeigten, ließe sich vielleicht vieles auf ihren Charakter schließen."

Da ich nicht einmal meine Träume kenne und ergo auch nicht mein Wesen in seiner Gesamtheit erfasse, wie soll ich da erst Sie kennen lernen. Schön wäre ein verdecktes Eindringen in ihre Traumwelt. Ich schliche mich in Ihre Phantasie, lenkte ihr Unterbewusstes so, dass alles Sehnen, all ihr Sehnen sich schließlich auf mich Richtet. Einsamkeit.

7. Januar 200...

Sandte die 12, nachdem ich in der gestrigen mail eine 9 verbarg. Sie wird zur Translation wohl nicht in der Lage sein, selbst wenn ich morgen die 4 folgen lasse. Kann mich immer noch nicht in andere Menschen hineindenken. Die drei Zahlen geben mir das Gefühl, dem Unaussprechlichen Ausdruck verliehen zu haben.

11. Januar 200...

Dunkel sind die Schatten der vergangenen Nacht, die diesen Morgen küssten. Zunächst stelle ich mit Besorgnis fest, gestern im Rausch Sophia angerufen zu haben. Da mir keines meiner Worte noch in Erinnerung blieb, fürchte ich Dinge gesagt zu haben, die besser verschwiegen worden wären. Doch alle Trauer verflog, als ich sie in der Schule sah. Fröhlich wie immer, in bester Aufmachung. Ihre Stunde gefiel mir ausgezeichnet. Nachmittags nichts zu Stande gebracht. Gedanken, die immer nur um eine Person kreisen, quälen mich.

Heute nur eine Lektüre – immer wieder: mails, die sie an mich schrieb.

Und dann: Wunschträume, glitzernde Amethysten, blutdurchtränkte Narben – Wunden, die sie mir unbewusst schlug.

Rauschsucht – wieder Trunkenheit und im Kopfe Zahlenmystik:

9 12 4!

Ziffern, die mein derzeitiges Denken, Fühlen und Handeln umfassend zum Ausdruck bringen.

Arbeit:

Unterschiedliche mails in wissenschaftlicher Hinsicht

12. Januar 200... Freitag

Nachtrag:

(11. Januar:

Ich begab mich gestern getrieben vom Gefühl der Sehnsucht in die Hände der Erinnerung. Besuchte das Haftdorn, indem ich sie vor einigen Monaten traf. Die Wirkung des Arcanums trifft das labile Herz. Es schreit nach ihr. Ich greife zum Handy. Eine SMS. Keine Antwort. Stille. Trauer. Ich eile durch P. Die nächste Kneipe, das nächste Bier und wieder Wechsel. Im Rausche endlich wieder der mir wohlbekannte psychotische Zustand, in dem alles um uns kleiner wird, wir aber wachsen. Und in dem Maße da wir vor uns selbst steigen, fallen wir in der Meinung der Anderen. Getrieben von dieser unstillbaren Sehnsucht durchwandere ich die Nacht auf der Suche nach ihr. Die Falten, die, um die Mundwinkel gezogen, von meinem beginnenden Altern erzählen, füllen sich mit salziger Flüssigkeit. Tränentäler.

Ich stolpere eine Treppe hinauf. Christians Wohnung. Er lebt in einer WG mit zwei etwas eigenwilligen Studentinnen. Drei Biere stehen auf dem Tisch. "Nun Christian, ich warnte dich ja. Ich sagte schon, dass ich dich in einem furchtbaren Zustand aufsuchen würde." „Setz Dich Doc, erzähle."

Er wirkt äußerst sediert wie immer.

Ich genieße den Rausch, träume mich zurück in meine ersten Jahre als Soldat. Ich keltere das Gefühl des Alleinseins in mir. Hemmungsloses Ausleben der gewalterfüllten Tagträume.

Enthauptungen, Totenschädel mit sauberem Einschuss, Drohungen, Hass ...

Ja, auch das ruht tief in mir und das Arcanum legt alles frei. Es reißt die Fassaden nieder. Unser Gegenüber spielt keine Rolle. Er ist innerlich lachender Zuhörer.

Schließlich bricht es heraus und dies allein ist der Grund unseres Hierseins, „Christian – Ich liebe Sophia!"")

15. Januar 200....

Langes Gespräch mit IHR im Anschluss an Veranstaltung. Trafen uns zum Kaffee. Danach in depressiver Stimmung. Gedanken, die ein weißes Nichts ersehnen. Schwerste Phase des inneren Kampfes steht mir noch bevor. An einen Treueschwur gebunden, bin ich zur Verneinung des Inneren gezwungen. Bleiern senkt sich die Last auf uns herab, presst uns die Kehle zu. Mittwochnacht ist, so glaube ich, die Entscheidung gefallen. Immer wieder mit den pochenden Schlägen des Herzens dieses 9 12 4! Lies es! Zahlen die den Zusammenbruch markieren.

22. Januar 200...

„Du schaust den Himmel an,
der von den Wänden strahlt,
er dreht sich so geschwind,
dass er die ganze Welt anmalt"

Musik:

Soko Friedhof: Hexensommer

In der Tat beginnen jene Stunden zu überwiegen, in denen die weiße Wand zum Hauptblickfeld wird. Brächten die Schatten doch ihr Antlitz in den Sinn. Nichts dergleichen geschieht. Kälte, Eiseskälte strahlt dieses Weiß aus. Es gräbt sich in mich. Ließe es doch diesen Schmerz gefrieren. Auch jene Hoffnung bleibt unerfüllt – unerfüllbar. Wärme rinnt über meine Wangen, fängt die eindringende Kälte ab.

Jeder Versuch konzentrierter Lektüre misslingt.

25. Januar 200...

Fiebernder Griff zum Telefon. Gedankliche Anwahl der Nummer.
Der Handapparat fliegt im hohen Bogen ins Waschbecken. Gut
so! Wasser marsch!
Hass.... Traurigkeit.

Nachtgang. Silbern glänzt der Mond – Gott, wie trivial....

29. Januar 200...

Mail an S. :

„Nur ein Glas[6]

Ich trete versehentlich gegen die schwarze Tasche. Ein Glas rollt
heraus und schlägt gegen die hölzerne Tür.
Und in Gedanken wieder: Sophia
Gruß "

6

Die vom Herausgeber dieser Aufzeichnungen befragte Person gab an, es
handelte sich um ein Glas, das selbstgemachte Leberwurst enthielt, die sie ihm
schenkte.

Tagtraum:

Eine Hornisse mit purpurenem Kopfschild setzt sich auf mein rechtes Auge. Ich schlafe. Das Insekt durchbricht mit den kräftigen Mundwerkzeugen das Lid. Beide Augen beginnen rote Tränen zu weinen. Ein Blutstrom reißt die große Wespe hinfort.

4. Februar 200... B.

Ich sehe ihn, wie er gleichmäßig die Hippe schwingt. In jeder Sekunde fällt einer der unseren. Ein Mensch stirbt und doch leben wir, als gäbe es ihn nicht, den schönen Sensenschwinger.

Tagtraum:

Schwingen durchbrechen den Rücken mir – schwarze Schwingen – ich steige. Da naht er sich. Mit großen Schritten gleich dem Dämon den Lermontov so schön beschreibt:

„Nacht II

Der Tag erlosch! — Und Finsternis bedeckte
Den Himmelsgrund, so wie man Tote zudeckt.
Die Dunkelheit durchflimmerten sich drehend

Die pünktchengroßen Lichter,

Mit denen sich auch unsere Erde drehte;

Auf ihr, gehüllt in eine tiefe Ruhe,

Schlief alles ein — ich war allein, der nicht schlief.

Nur ich schlief nicht — und in dem Graus des Zwielichts,

Im Widerstreit von Freude und von Trauer

Zog sich mein Herz zusammen — und ich wünschte,

Entweder Frohmut oder Gram zu mehren,

Erschlagenes Leben ins Gedächtnis rufend.

Das Letztere jedoch war freilich leichter.

Vom Westen ein *Gerippe* unermesslich

Kam, über schwarze Wasser sich erhebend,

Und es verdunkelte die Sterne...

Und ganze Welten brachen vor ihm nieder,

Und berstend krachte alles von den Schritten.

Armseligkeit blieb übrig hinter ihnen.

Und jetzt auch nahte sich der Erdenkugel

Gewaltig der Gigant — und alle schliefen,

Und keine Sorge störte ihren Schlaf — nur einer,

Ein Sterblicher nur sah, was Gott nicht lasse

Ein lebendes Geschöpf erblicken..

Und da hob *der* empor die Knochenhände,

Und einen Menschen hatte er in jeder,

Der zitterte — ich kannte diese Menschen,

Und einen Blick warf ich auf sie — und weinte.

Und eine Stimme plötzlich dröhnte: »Kleinmütiger!

Staubsohn, Sohn des Vergessens, warst nicht du es,

Der einer übergroßen Qual erliegend,

Mich rief — hier bin ich, bin der Tod!

Und uferlos ist meine Herrschaft!

Die beiden hier — du kennst sie — liebtest sie...

Den du bestimmst, der stirbt. — Du hast die Freiheit,

Dem Unausweichlichen den Weg zu weisen.

Auch du wirst einst ins Ewige vergehen.

Und nirgends sie zum zweiten Male sehen — Denn wisse, wie die

Zeit gehn hin die Menschen,

Die sie geboren hat — nur Gott ist ewig...

Entscheide, Unglücklicher!«

Da erfasste

Ein Beben unwillkürlich meinen Körper,

Die Zähne, aufeinanderschlagend, hemmten

Die Worte, die sich hart der Brust entrissen;

Doch endlich dann, den Schrecken überwindend,

Schrie das Skelett ich an: »Nimm beide! beide!

Kein Wiedersehen — also keine Trennung!

Sie haben ja genug gelebt, dass ewig

Nun dauere so ihre Strafe.

Ach! — Lass auch mich, den Erdenwurm, nicht leben —

Die Erde selbst zertritt, das Nest des Lasters,

des Wahnsinns und der Trauer!

Sie nimmt uns alles, nimmt uns, was wir glaubten,

Und schenkt uns nichts, als dass sie uns entbindet!

Verflucht sei das Geschenk des Lebens!

Wir haben erst dank ihm von dir erfahren.

Erfahren auch das arme, eitle Dasein,

Von Hoffnung leer — von Ängsten überladen.

Sie solln vergehn, vergehn solln meine Freunde!

Nur eines ist, dass ich noch weine:

Warum nicht schon als Kinder!«

Und jetzt sah ich, wie in den Knochenhänden

Die Freunde er zerdrückte — sie verschieden —

Selbst die Phantome schwanden und die Schatten...

Des Todes Bild umwölkte sich mit Nebel

Und — so zog es nach Norden. Lange, lange,

Die Hände ringend und die Tränen schluckend,

Stritt gegen Gott ich, in der Furcht zu beten!"

M. Lermontov

Stände nun jemand dort und schrie: „Zerschlage den Memnoch!"
Er ergriffe mich und zöge mich ins Reich der Ewigen.

Las gerade ein "schönes" Buch der DDR-Dokumentarfilmer
Scheumann und Heynowski „Kannibalen". Darin finden sich die
Grausamkeiten des Kongo-Müller und seiner Mordbande. Es ist
doch immer wieder erschreckend, wie Menschen vertieren
können. Und doch spüre ich, dass auch ich und sicher jeder andere
Mensch einer der ihren sein könnte. Bricht sich das Adrenalin der
Macht Bahn in uns, so sind wir nicht nur zum Verrat, sondern
auch zum Mord fähig. Gerade der Mensch, der dies verdrängt und
sich empört über die Grausamkeiten des Anderen wäre der Erste,
der kaltblütig den Anderen quälen würde. Personen wie Adolf
Eichmann oder Siegfried Müller gelangen schnell an einen Punkt,
der Umkehr nicht mehr möglich werden lässt. Und so stilisieren
die Ihre Taten.
Traf gestern Nasdja. Sie erscheint mir ungleich geistreicher als
Sophia. Warum liebe ich nicht sie, sondern diese kleine .... ? Und
nun kocht Wut in mir. Die furchtbarsten und grausamsten
Gedanken schneiden mir in die Seele. Im Grunde wäre es schön
diese miese Schl...., die nicht auf meine mails antwortet zu
fesseln, zu knebeln und einfach ..... Brantomes *Das Leben der
galanten Damen* gäbe hierfür ein feines Beispiel. Dort rächt sich
ein Mann an seiner Frau, die ihn hinterging, indem er sie einsperrt

und die kräftigsten Hahnreihe anheuert, damit diese sich möglichst oft und hart an ihr vergingen. Sie stirbt hieran.

Dann wieder Verzweiflung:
Wie tief bist du seelisch gesunken......?

Trauer, warum hast du dies gedacht – liebst du sie tatsächlich oder suchst du nur Abwechslung, ein ungefährliches Abenteuer. Die Welt dreht sich. Eine Spinne läuft die weiße Zimmerdecke entlang. Wie kann ein Mensch nur so werden.

Musik:

Cure, Plainsong: I think i´m old, and i feeling the pain you said.....

Musik ist in Ton gegossenes Gefühl!

7. Februar 200.. B

Lektüre:

Ibn Tufail, Hajj ibn Jaqzan: Der Naturmensch (begonnen und abgeschlossen)
Ernst Jünger, Subtile Jagden

Bei Ibn Tufail fand ich ein schönes Zitat

„Es quält mich, daß der Sterblichen Wissen zwiefach ist und kein Drittes sich hinzutun lässt

wahr, das schwer zu erreichen ist und falsch, das niemandem nützt"

al-Waqqashi

Wieder befiel mich Schwermut. Vielleicht kultivieren wir doch oft das Falsche wissentlich für uns.

Mit der Ausgabe der Scheine zur Didaktik endet das Semester. Da ich die Fragestellung der ersten Klausurfrage nicht richtig las, erhielt ich nur eine zwei. Sophia schrieb heute eine Klausur und erschien deshalb nicht zur Auswertung: Insgesamt ruhiger – emotionale Schwäche nun wohl doch endlich überwunden. Die Lektüre der *Subtilen Jagden* Jüngers gedeiht. Das schöne entomologisch durchsetzte Werk vermittelt erste Einblicke in ein faszinierendes Universum. Wer beachtet schon die vielfältige Käferwelt?

Nach der Veranstaltung – Erwerb antiquarischer Bücher.

u.a.

Habermas, Profile

Grotius, Von der Freiheit der Meere, (Feines Vorwort des Herausgebers in dem dieser sich nicht als bedingungsloser Jünger des Grotius zu erkennen gibt, sondern die vielen Schwächen des Werkes fein beleuchtet)

Kosmos-Sammelband 1923

Stählin, Gedenkrede auf Julius Smend

Buchkatalog Bibliographisches Institut um 1900

Lektüre Habermas über Bloch „ Bloch will dem Sozialismus, der von der Kritik der Tradition lebt, die Tradition des Kritisierens erhalten." (149)

Ich lege mich auf das Bett. Es ist hart und wirkt auf mich, als läge ich auf einem Block. Aus Eis müsste er sein, ganz aus Eis. Erfröre ich, ja, ließe mich die Kälte erstarren – vor allem dieses mich sosehr quälende Herz. Schlüge mir der Holländermichel mit der bloßen Faust in die Brust und entrisse mir dieses ewig zuckende Ding, ich nähme es mit Freude zur Kenntnis…In Gedanken wieder…ach egal!

8. Februar 200.. B.

Hodenschmerzen setzen wieder ein, besonders auf der linken Seite. Ich liege im Bett. Hier widme ich mich der Lektüre der Neuerwerbungen des heutigen Tages u.a. dem Jugendalmanach auf das Jahr 1922. Dort findet sich eine interessante Abhandlung über Kants Diener Lampe. Lampe war 40 Jahre lang treu und begann dann seinen Herren zu verraten. Bemerkenswert lange hält das Ehrgefühl an. Dann, uns in Sicherheit wiegend, beginnen wir unsere eigenen Ziele zu verfolgen.

Sophia zeigte sich heute betont zugänglich. So fuhr sie mehrfach meine Nachbarin im Praktikum barsch an. Mir erscheint die ganze Situation nach wie vor sehr undurchsichtig. Sie gibt sich bisweilen so vertraulich. In diesen Momenten erscheint sie mir greifbar nahe und doch so unendlich fern. Im Augenblick, da man die Nähe des anderen zu lieben beginnt, türmen sich Berge und Mauern zwischen uns. Geben wir den Schluchten die Namen der Unsicherheit. – Scham, Angst, Trostlosigkeit.

Gedanken aber malen Bilder. Gemälde eines zu einander finden, nein – eines zu sich selbst Findens. Nosce te ipsum! Betrachte ich Ihre äußere Erscheinung, so fühle ich mich geschlechtlich nicht angezogen. B. ist ungleich reizvoller, schöner. Werfe ich ein Blick auf die mir fremde Seele, so finde ich nicht erwünschten Frieden, Ruhe, Liebenswürdigkeit in des Wortes ureigenster Bedeutung. Worin aber besteht dann die Faszination. Ist es die Suche nach dem anderen, das durch eine 11jährige Beziehung solange verdeckt blieb. Seele und Körper bewegen mich nicht, sehr wohl ihr Herz, das sie auf der Zunge trägt. Dieser Kontrast des lästernden Redens und einer gleichzeitigen unglaublichen Hilfsbereitschaft. Sie ist einfach noch zu jung!

Lektüren:

Diese Stunden, in denen ich ganz alleine mit meinen Büchern bin, liebe ich sehr. Bei Jünger las ich gestern oder vorgestern von einem Traum, der eine gänzlich menschenleere Welt darbot und er, Jünger, genoss jenes Trugbild. Ich kann dies gut nachvollziehen.

Weiter: Justinius Kerner "Die Reiseschatten". Interessantes Buch, in dem die unterschiedlichen Weltanschauungen des 19. Jahrhunderts gegeneinander abgewogen werden.

Dort verbrennt ein Mensch, der sich mit anderen auf Reisen begab. Was aber unternahmen seine Gefährten. Da war ein Chemiker unter ihnen. Während die anderen die Erscheinung lamentierend zu deuten trachteten, saß er fernab auf einem Ast und begann die Situation stofflich zu interpretieren. Die Kälte und Gefühllosigkeit der Positivisten stellt Kerner hervorragend bloß, das begeistert.

09. Februar 200 .. Sonntag

Beim Durchsehen der Bibliothek wieder das Gefühl, dass die Philosophen sich des Themas Liebe zu wenig angenommen hätten. Feuerbach bezog hierzu so schön Stellung, indem er sagt: Liebe ist Selbstaufgabe. Der höchste Grad der Selbstaufgabe aber ist der Tod. Liebe, tatsächliche Liebe also führt zu unserem Ende. So breite sich auch in mir wieder der Hang zur Selbstzerstörung an. Aufgabe von Selbstwertgefühl ist das erste Anzeichen hierfür. Dieser Zusammenhang tritt in vielen Erzählungen der Weltliteratur hervor. Selbst der ehrwürdige Junker von der Mancha, mein sinnreicher Don Quijote weiß hiervon. Fürwahr die Liebe, meint er, mache alles gleich. Cervantes nimmt das Sujet des verliebten Selbstmörders vorweg. Als das schönste Mädchen einer Berggegend einem jungen Philosophen wie so vielen anderen Männern den Kopf verdreht, um ihn schließlich zurückzuweisen, nimmt er sich das Leben. Ein Werther des frühen 17. Jahrhunderts. Dort empfand man noch Mitleid mit dem Narren. Albert schon war hierzu kaum mehr fähig und Lichtenberg schließlich in seinen Sudelbüchern (Heft F Nr. 516) „Die schönste Stelle im Werther ist die, wo er den Hasenfuß erschießt" besser: wo sich der Hasenfuß erschießt.

Las gerade die Tagebuchblätter der letzen Wochen. Eigenartig, dieses langsame Hinübergleiten in die Liebe. Nach dem letzten Gespräch mit ihr sind alle negativen Wahrnehmungen gänzlich gewichen. Sie ist eine wunderschöne, kluge und begehrenswerte Frau.

Gerade der erotische Aspekt gewinnt zunehmend an Gewicht. Könnte man doch zwei Leben in einem leben. Nicht nacheinander sei unser Sein, sondern das Viele in dem Einen ist mein Ziel.

Tagtraum:

Sie steht vor mir und ich flüstere leise meine Empfindungen

Hoffnungslos!

10. Februar 200.. Montag

Lektüre:

Jünger, Strahlungen I

Vormittags:
Arztbesuch bei Frau Dr. R.
Es stellt sich heraus, dass ich recht behalte – leider.
Nebenhodenentzündung.

13.00 Praktikum
Zuvor sah ich sie wieder, mit klopfendem Herzen, und
befürchtete, die in ihrer Nähe gefühlte Unsicherheit auch heute
nicht ablegen zu können. Und doch kehrte die Souveränität wieder
zurück. Vielleicht ist nun dies quälende Gefühl überwunden. Die

alte Stärke kehrt heim – eine gute Ausgangsbasis für die bevorstehenden Kämpfe.

Nachts:

Ich erwache wieder in Traurigkeit. Warum musste es so weit kommen. Alles hätte so bleiben sollen, wie es war. Warum dieser Anruf? Ihre ganze Heiterkeit scheint gewichen. Für mich wird es vorteilhaft sein, Distanz zu wahren, unabhängig gegen wen.

Allmählich gewöhne ich mich daran, dass Menschen ein gewisses Unbehagen in meiner Nähe zu empfinden scheinen. Jünger ist mir doch sehr geistesverwandt. Diese Lust am guten Buche, seine Jagden und Beuten in den Antiquariaten, das Rauschhafte der Darstellung, all´ dies entspricht so unglaublich meinem gegenwärtigen Empfinden. Die Lust an der Wahrnehmung, am Erspüren ihres Zaubers.

Da ich die Veranstaltung heute früher verließ, fuhr ich ein Stück mit dem Auto, nur um dann wieder umzukehren, natürlich unter Vorwand. Und warum? Um Sie wiederzusehen. Eilends ging sie zum Bahnhof. Flucht?

Doch nochmals zum heutigen morgen. Die junge und dennoch sehr professionelle Urologin hörte sich die Beschreibung meiner bisherigen Querelen mit dem Hoden an und äußerte dann die Befürchtung, dass eine Orchitis bei mir recht rasch zur

Unfruchtbarkeit führen würde. „Sie haben zwar schon ein Kind gezeugt..." Diese Worte vernahm ich mit Stolz. Ich habe gezeugt! In Kronos und Gea.

Im Jünger wieder so schön passend:

„Mein Hang mich, wenn ich einen Menschen liebe, von ihm zu entfernen als ob sein Bild sich in mir so stark entwickelte, dass es sich mit seiner körperlichen Nähe nicht verträgt" Ein Zitat das Kraft gibt. Es schreit mich an: „Widerstehe!"

11. Februar 200... Dienstag

Lektüre:

Ernst Jünger, Das abenteuerliche Herz. I. Fassung (begonnen)

All' das verstaubte Wissen und Denken in meinem Schädel, was nützt es mir nun. Seit Wochen hält diese Apathie an. Den ganzen Vormittag wieder krude Tagträume und Sehnsucht. Arbeite kaum – nur noch kurz Zeitungsartikel durchgefeilt.
Und dann immer immer immer immer wieder : bei Dir!

„Folgen sollt ich weisem Rate, nun mein Herz schlägt zum zerspringen
Kann nicht zügeln meine Taten, bin verzehrt von Wahnsinns Pein

Welken muss die rote Rose, die zum Licht nicht mehr kann dringen

Da dein Wort mich nicht kann trösten, kraftlos wird mein ganzes Sein."

Schota Rustawili (12. Jahrhundert)

Rustawilis Tariel, der „Ritter im Tigerfell" schlägt Jahre lang Schlachten in seinem Inneren – Liebe – unerfüllte Liebe verzehrt ihn

Nachts mehrfach gleißendes Licht.

Traum: Ich rufe sie an. Sie weint, zu hören ist nur ein leises Wimmern

Ich erwache.

Lektüre:

Jüngers Strahlungen I beendet. Es ist doch immer etwas Abschiedstrauer mit im Spiele, wenn man ein Buch zur Seite legt.

Wiederum Traum:

Kühle, weiße Kachelwände; sterile Tische kennzeichnen ein Labor. Personen stehen dort. Die Gesichter bleiben dunstig verschwommen, nur das ihre tritt deutlich hervor. Seelischer

Zusammenbruch. Ich gehe auf sie zu, fasse sie, hebe sie empor. Verzweifelt sich wehrend, drückt sie mir schließlich die Daumen zwischen Backenknochen und Halsansatz.

Ich liege im Bett. Plötzlich schiebt sich mein Innen nach außen. Ich kenne dieses Gefühl beginnenden Schwebens. Alles entweicht dem Leibe. Schön und schmerzhaft doch zugleich, bedrohlich. Ich wünsche mich diesem Empfinden hinzugeben, doch das Herz rast immer schneller, schnürt die Brust mir zu. Nach Jahren erlebe ich jene Form körperlicher Entseelung wieder. Zuletzt trat sie gehäuft in Hannover auf.

In diesen Phasen bin ich bei vollem Bewusstsein, kann mich aber des Albdruckes nicht erwehren.

Ich! Im Ich! – Willkommen im verhassten Gestern, Lemur. Willkommen in Lemuria.

Arbeit:

Artikel an Redaktion

Leider immer noch bei schlechter Gesundheit. Hodenschmerzen behindern das konzentrierte Schreiben.

13. Februar 200...

Lektüre: Jünger: „Das abenteuerliche Herz"

Die Geistesverwandtschaft mit Jünger ist geradezu frappant. Dessen Abneigung gegen die positivistische Zerstörung des Weltzaubers wohnt jedem inne, der ein Herz hat, zu fühlen. Aber ihm fehlt doch die Aufrichtigkeit in vorgeblicher Agonie. Große Literaten leiden tatsächlich. Jünger hingegen erklärt die Fähigkeit zur Tugend, sein Leiden selbst betrachtend analysieren zu können. Dies kommt dem Rausche gleich, indem wir liegen und doch wissen, dass uns etwas von außen wahrnimmt, das unserem Selbst unmittelbar zugehört.

14. Februar 200...

Lektüre:

Hodann, Geschlecht und Liebe, Rudolstadt 1927.
Interessante Abhandlung, die sich an den Arbeiter und gegen die christliche Sexualmoral wendet. Besonders beeindruckend ist die Schilderung des sozialen Elends in den Berliner Problemvierteln.

Hebbel Tagebücher

Arbeit:

Vormittags Schilleraufsatz überarbeitet, nur um dann festzustellen, dass auf meiner alten Mailbox eine mail von Frau P. einging, die alle Arbeiten für überflüssig hält, da Fr S. aus der Redaktion ebenso wie sie selbst von dem Artikel begeistert sei.

Traum:

Mein Großvater ruft an. Unter Tränen berichtet er mir von einem Autounfall, der meiner Großmutter das Leben gekostet hätte – ich erwache.

Korrespondenz:

Mail an:
Das Blättchen – Artikel
Frau Mark – Bitte um Unterstützung in Bezug auf Handschriftenaufsatz
Frau P – Schiller-Endfassung übermittelt

Gedanken an Sophia scheinen gänzlich verflogen – eigenartig und doch zugleich sehr beruhigend. Mit Ordnung der Karteikarten zur Vorbereitung der Didaktik-Klausur begonnen.

„Überhaupt, was ist denn so entsetzlich? Nicht, dass eine Welt zu Trümmern gehen, sondern, dass sie so ganz im Stillen verwesen kann!"
Hebbel Tagebücher, S. 55.

15. Februar 200...

Nachts: Gefühl einer sich vom Körper trennen wollenden Hand. Kalt, schwer und unbeweglich, hängend belastet sie den Arm. Die Kontrolle über die den Körper bildenden Teilheiten ist gewichen.

Lektüre:

Jünger: „Das abenteuerliche Herz"

Dort finde ich den interessanten Fakt, dass der Reim oft Gegenständlichkeiten harmonisiert, die eigentlich nicht zusammenpassen. So: „Brot-Tod". Dies ist im Grunde richtig und doch sind beide im Abendländischen derart verflochten, dass die Abwesenheit des einen zum Dasein des anderen führt. Wird

„Brot" nicht auf das Getreideprodukt reduziert, sondern mit Auskommen gleichsetzt („Er verdient sein Brot.") So wird der Kausalnexus deutlich.

Gestern Nacht neben Hodann noch Hebbel Tagebücher gelesen. Diese bittere Armut bei gleichzeitig hohem Geist greift ans Herz. H. fehlt es selbst an Geld, sich Briefpapier zu beschaffen. Interessant sind auch seine Ausführungen zur literarischen Produktivität. Hodann gleichfalls wieder sehr interessant. Sexualwissenschaftler, Sozialist, Spanienkämpfer und (Achtung!) „Eugeniker": Von den Nazis zwar vertrieben, plädiert er doch für „Volksgesundheit" im Sinne der Eugenik. Weiter bei Hodann. Schilderung einer 21jährigen Frau, die dennoch körperlich infantil ist. H. meint, dies sei sehr oft der Fall.

Ich fahre morgens ohne Grund früher zu Universität, um mich dann in die Mensa zu setzen und auf ihr Eintreffen zu warten. Tatsächlich erscheint sie gegen 11 Uhr. Und begibt sich mit ihrem Tablett ein Stockwerk höher. Ganz sicher sah sie mich. Warum weicht sie mir aus? – Traurigkeit! Ich liebe sie!
Es ist doch eigenartig, wie schnell der Faden gefühlter Nähe zerreißt. Ein Mensch, mit dem man sich eben noch im Einklang zu befinden schien, mag morgen schon ferner sein als das Kassiopeia.

Sicher werde ich mich nie ändern. Für einen kurzen Augenblick des Lachens oder der Aufmerksamkeit verraten wir unsere Freunde und diskreditieren sie in den Augen anderer uns fern stehender Menschen.

„Jedes Sterben findet auf der Schattenseite des Lebens statt, wie jedes Leben sich vom Tode ernährt."
Ernst Jünger, Das abenteuerliche Herz

16. Februar 200....

Arcanum – rotes Arcanum. Wäre ich Christ, so wäre ich ganz sicher Katholik. Der Gedanke, der Wein sei tatsächlich das Blut Christi schafft eine Linie vom Materiell-Gegenwärtigen zum uralten Mythos der weinenden Erde.

Längst wird sie gemerkt haben, was Sache ist. Kühl betritt sie den Raum zur Auswertung der gestrigen Stunde; leise lächelnd blickt sie mich an. Schwacher Groll legt die Brauen ihr in Falten. „Wo darf ich sitzen?" „Bei mir!" Oh , Gott – wie ungeschickt, wie unendlich schwach. Aber was wäre denn tatsächlich zu tun. „Aha" Was soll dieses Aha? Sie setzt sich zu mir. Wie gerne glitte meine Hand zu ihr herüber, wie sehr sehne ich mich nach ihren zierlichen Fingern. Gepflegt sie sind. Und die deinen? Sind sie es auch? Mein Blick gleitet über die eigenen Fingerkuppen. Verstecke sie! Denke an Ovidus Naso. Schrieb er nicht: Tritt mit einfacher Kleidung aber gepflegt ihr gegenüber.

Diese Stunden der Schwäche. Ich nehme eine Hopfentablette, um mein Herz etwas in den Griff zu bekommen. ....

Es ist später Nachmittag. Ich denke nicht daran in den Bus einzusteigen, der mich nach Hause brächte. Stattdessen stolpere ich, bereits leicht angetrunken zu dem kleinen chinesischen Eckladen, in den ich mich bisweilen zurückziehe. Ich trinke zwei halbe Liter, gehe dann zum Kaufland – eine große Flasche Wein unterm Arm stolpere ich hinab zum Fluss, setze mich. Ich öffne den Schraubverschluss. Mit dem roten Saft strömt Melancholie durch meinen Körper. Ich rufe zu Hause an. B. weint. „Warum kommst Du nicht?" „Ich komme ja, hab nur den Bus verpasst. Ich nehm´ den nächsten." Das Licht der untergehenden Sonne spiegelt sich im Flusslauf. Ich nehme die leere Flasche und werfe sie in hohem Bogen in das kalte Wasser. Stehe auf. Kaufe die nächste Flasche, wieder am Fluss. – Tränen!

Ich erwache. Es ist dunkel. Das Kassiopeia steht dort. So licht, so klar. Ich denke an Dich – Sophia. Trunken im Schmerz, schmerzvolle Trunkenheit. Scham....

17. Februar 200..

Daheim. Und wieder wachsen die Wände ins Unendliche. Die Didaktikklausur interessiert mich kaum. Ich bete den Stoff automatisch herunter. Die Gedanken sind bei Ihr allein.

Ich ergreife Marsilio Ficinos, De amore. Dort „Schönheit ist etwas Geistiges". Dies lässt sich zweifach deuten. Zum Einen kann das Betrachtete in seiner inneren, geistigen Schönheit erfasst werden, zum Anderen jedoch bezieht es sich auf den Prozess des Wahrnehmens.

Fühle mich ruhiger. Ein Grüner Tee steht bereit. Ich trinke.... Ruhe werde ich auch in dieser Nacht kaum finden. Ich schlafe ein.

Traum:

Ich ruhe auf einer Wiese. Klein und schutzlos – ein vierjähriger Knabe. Erwachend blicke dem Morgenrot – meine Großeltern gehen Hand in Hand über das feuchte Grün. Ich rufe nach Ihnen. Kann jedoch nicht weg. Sie wandern dem Morgenrot entgegen. Plötzlich verfärbt sich der Himmel. Er erstarrt in tiefstem Schwarz. Ich rufe – sehe sie nicht. Blitze zerreißen den Himmel – fahren dicht an dicht in die Erde. Ich erblicke zwei Gestalten. Der Boden unter Ihnen schwindet. Die Blitze zeigen Ihren Fortgang an. ....

18. Februar 200..

Vorbereitung auf Didaktikklausur läuft, jedoch sehr schleppend. Die Gedanken an Sophia werden wieder intensiver. Hoffentlich gelingt es, sie wenigstens bis Mittwoch zurückzudrängen. Tagsüber nervös, unruhig. Nachts schlechter Schlaf. Angst vor der Klausur. Diese Angst zu versagen, dem Bild nicht gerecht zu werden, das man von sich zeichnet, peinigt seit Jahren. Und dabei bestimmt mich doch nichts mehr als die Demut vor der Vielfalt der geistigen Welt. Der Materiellen und der aus ihr erwachsenden geistigen Freiheit gilt all unser Sehnen, Hoffen und Trachten. Hinzu tritt der Genuss am Anblick dieser schönen und klugen Frau, die ich mittlerweile derart ins Herz geschlossen habe, dass mir ihre Stimme ein wahres Seelenarcanum geworden ist.

19. Februar 200...

gestrige Lektüre:

E. Fromm, Haben und Sein
Dort: Zwei Existenzformen des Menschen, von denen die erste die heute alles domierende ist. Die Menschen des Habens beherrschen das Jetzt. Die Uhr, das Auto, das äußere Kleid zählen mehr als die Träume, die Bücher, die Muße...

Schlenderte – immer in Gedanken bei ihr – über den Markt dieser kleinen Großstadt. Erwarb einen kleinen Lapislazuli. Zerrieb ihn abends, mischte ihn mit etwas Zucker und nahm ihn zu mir.

Träume:

Traum I:
Wieder Anfall scheinbarer Entseelung. Sah meine Hände in transparenter, fast gänzlich durchsichtiger Form vor meinen Augen

Traum II:
Sophia steht vor mir. Sie lacht. In Erinnerung bleiben mir nur noch ihre Worte: „Das ist nun mal so" Eine von ihr oft genutzte Floskel.

Traum III:
Ich stehe in einer Gaststätte. Einem Imbiss. Ein alter Teller, Made in GDR, entgleitet der Hand und schlägt zersplitternd auf. Der Gastwirt ist äußerst verärgert und fordert 80 Euro. Achtzig Euro für einen Ostteller.

Tag:

1. Frühstück im familiären Rahmen.

2. Sehnsucht nach Ruhe zum Arbeiten

3. und immer, immer wieder Gedanken an Sophia!!!

Sie fehlt mir so unendlich. Eigenartig, wie die Liebe uns zum kitschigen Monolog verleitet.

...

Luzide Traumgebilde, Tränen bedrängen die Augen, die Welt verschwimmt. Warum ist da diese Mauer zwischen Dir und mir? Wer errichtete sie? Es schnürt mir die Kehle zu. Ach, durchbräche meine Seele doch die imaginären Wälle. Flöge sie doch zu Dir, nähme die Deine in ihre totbringenden Schwingen. Ja, presse sie, Seele, bis ihr der Atem ausgeht. Breche ihren Widerstand, Seele! Führe sie mir zu...

Fieber ergreift mich, ich friere, ergreife eine Flasche mit dem geliebten roten Arcanum... SOPHIA, sieh, was Du mir angetan.

20. Februar 200...

Vorbereitung läuft. In wesentlichen Zügen scheint der Stoff zu sitzen. Gestern letzte Veranstaltung des Praktikums. Viel wichtiger war mir die positive Reaktion Sophias. Sie zeigte sich freundlich und hilfsbereit gegen mich. Gestrige mail erschien ihr unschlüssig. Darin beschrieb ich die Situation eines Glases, das gegen eine Tür schlägt und mich wieder an sie erinnert. Wohl fühlt sie die Ursache der mail und sicher tat sie nur so, als ob sie nicht verstände.

Gestern Abend wieder rauschhaftes Schwelgen in Gedanken an SIE. Ja, dies ist ein guter Einfall. Ich werde SIE nun immer groß Schreiben, wie die Christen den DEUS.

Die Tagträume versprechen mir Erfüllung. Bisweilen dämpfen sie sogar die Sucht nach realer Umsetzung, dann wieder heizen sie die Stimmung und den Drang zu ihr sogar noch an. Schob kurz nach 19 Uhr eine erklärende mail hinterher. Nun müssten Ihr meine Gefühle deutlich geworden sein, weiter will und kann ich nicht gehen. Ging dann ans Bett meines Sohnes. In seinem Angesicht fiel ich wiederum Melancholia anheim. Er soll mit Mutter und Vater aufwachsen. Wieder überkommt mich der Glaube an eine Alternative, an irgendeinen Mittelweg.

Jüngerlektüre gedeiht nicht, da ich das bisschen Konzentrationsfähigkeit, die mir blieb, voll auf die Klausur richten muss.

22. Februar 200.. Mittwoch P.

In der gestrigen Nacht holte ich den Jungen zu mir - legte ihn an meine linke Seite - ergriff die kleinen Händchen. Dabei immer der Gedanke an eine mögliche Trennung, die ich sicher nicht überleben würde. Heute Klausur. Mir sind wieder einige sehr dumme Fehler unterlaufen. Fürchte, mich blamiert zu haben. Was soll's! Die Hauptsache ist, dass wir bestehen.

S. verließ hernach lächelnd die Klausur, war danach aber doch recht aufgebracht. Worum es ging weiß ich nicht. Die Schwester stand vor der Tür, bemerkte mich aber nicht oder wollte mich nicht bemerken.

Morgen erst werden die Kämpfe wieder beginnen. Der Kampf mit dem Lektorat um die Formulierungen in der Dissertation; der Kampf um die innere Ruhe; der Kampf, die Gedanken an sie zu verdrängen, der Kampf um den Lehrauftrag

Das ganze Leben ist ein einziges Ringen mit uns und mit den anderen.

25. Februar 200...

Silberfarben breitet sich der Himmel über uns, zerschnitten von einem Kondensstreifen.

Arbeit:

Nacharbeiten für Handschriftenaufsatz[7], der in Broschürenform noch in diesem Jahr erscheinen soll.

---

7 Die Handschriften der Wariner Klosterbibliothek, in: Frank Neuheim (Hrsg.), Handschriften aus Mecklenburg. Einer Bestandsübersicht, Schwerin 2003, S.230-243.

Abends fällt mir wieder auf, wie dürftig mein Bekanntenkreis ist, von Freunden will ich überhaupt nicht mehr reden. Ein Mensch bedarf des anderen. Ich aber habe alle, die Sympathie für mich empfanden verprellt – lachend. Das Sarkastische und Destruktive ruht tief in meiner Natur. Dies schreckt die Kleinen ab. „Die Suche nach einem Freund wird uns zum Verräter" heißt es sinngemäß bei Nietzsche. Oft wünsche ich, so wie alle anderen zu sein. Harmlos, fröhlich, nett, plaudernd, ruhig, funktionierend, maschinengleich arbeitend. Doch in mir bricht sich stets und täglich Adrenalin Bahn, sucht beständig nach dem Neuen, dem Jungen, dem Unverbrauchten. Sucht nach Erkenntnis unberührter Formen, ungekannter Wege.

"Es kommt der Tag,
da muss ich ziehen,
und unbekannte Wege gehen,
wohl mondvorbei und sonnenhin."

Lektüre:

Erich Fromm, Haben und sein (fortgesetzt)
H. Chr. Andersen, Meines Lebens Märchen (fortgesetzt)

26. Februar 2000... Freitag B.

Natürlich ist dieser Rückfall in unerfüllte Liebe mit starkem inneren Schmerz verknüpft. Und natürlich trägt er das Destruktive, das Irrationale zurück in mein Denken. Dennoch empfinde ich die Melancholie als bereichernd. Sie führt mich wieder zu mir selbst. Zu dem was ich immer war: Ein Mensch, der die Welt der Erscheinungen zwar zergliedert – ihr aber dennoch mehr mit dem Gefühl als mit dem Verstande begegnet. Eigenartig ist auch, dass mich das Klausurergebnis fast nicht interessiert. Sophia steht ganz im Mittelpunkt meines Denkens und Trachtens. Die Tage an denen ich sie nicht sehe und höre gleichen dem Tartaros. Ich wünsche an diesen Tagen nichts anderes, als einfach nur zu schlafen. Die Tage an denen ich sie sehe sind gleichfalls wie die Hölle. Deren Flammen züngeln mir ins Herz, jedes andere Gefühl auslöschend. Ihnen folgt die Eiseskälte in Bezug auf alles mich Umgebende. Die Bücher, das Schreiben, die Familie – nichts fesselt mich noch. Ein Wunsch verdichtet sich zunehmend. Ich will mit ihr sprechen, ihr alles sagen, ihr die Wahrheit ins Gesicht schreien.

Angst zieht die Zügel, Liebe führt die Sporen, treibt sie mir schmerzhaft in die Flanken. Sicher verlacht sie mich. Eigenartig, dieses zierliche Mädchen, denn eine Frau ist sie trotz ihrer 21 Jahre noch nicht, dieses Mädchen hat mich seelisch völlig im

Griff. Ich fühlte bislang nur zweimal so, dieses dritte Mal werde ich nicht überleben.

Nur bei A. und bei B. empfand ich derart tief, wie nun bei S. Die erste unerfüllte Liebe hätte mich mehrfach beinahe das Leben gekostet, derart verzweifelt war ich damals. Ich fürchte, diesem Kampfe nun nicht mehr gewachsen zu sein. Wie schwer fiel es mir, da ich heute am Kopierer vorüberschritt und sie stand dort, weiterzugehen, so zu tun, als ob alles normal sei. Dabei wäre ich am liebsten weinend zusammengebrochen. Ich leide an dem Gefühl, dass sie sich von mir abwendet. Oh, wäre doch alles wieder wie vor zwei Monaten, kehrte doch endlich wieder Ruhe ein. Dieses stumme Schreien in mir: 9 12 4!

Der Daimon im Kämpfenden ist gebrochen. Verletzt bricht er mit seiner Natur. Rauschhaft führt der Trieb ihm die Bahn des Wollens aber Nicht-Könnens. Und Schwarz greift wieder in Schwarz.

„Und neu vergoldet mit den Jahren,

kommt stets der alte Traum herauf,

Schon seh den Sarg ich einsam harren;

Was hält auf Erden mich noch auf?

Und sterb ich, wer wird mich beklagen?

Man wird (das ist mir nur zu klar)

An meinem Tod mehr Freude haben

Als das die Mutter mich gebahr"

M. Lermontov aus „Einsamkeit"

Lektüre:

E. Fromm, Haben und Sein (fortgesetzt)

(sehr schwach, was er da zur Liebe schreibt- alles viel zu mechanistisch)

Hebbel, Der einsame Weg (fortgesetzt)

Michail Lermontov, Gedichte und Poeme (gehört zu den besten Gedichtsammlungen die ich kenne, voller Huldigungen an den weißen Meister Tod.

Nasdja würde bestimmt sagen: „Du musst Lermontov im Original lesen. Im Deutschen klingt er viel zu kühl.")

Gestern beendet: E. Jünger, Das abenteuerliche Herz I. Fassung

Ich liege hier im dunklen Raume und blicke durch das Fenster in die schöne Nacht. Und in Gedanken immer, immer wieder ein Name und im Herzen immer wieder ein Bild.

Palpita, corazon, palpita

Schlage mein Herz schlage und mit jeden Schlag rufe einen Buchstaben

S pump O pump P pump H pump I ....

Wäre ich wie der Hawthornes Marmorfaun oder wie der Hirte Dorkon, so zögerte ich nicht und ergriffe was mich quält.

Sieh das Knäblein, goldbelockt, springt es über den Hain. So unscheinbar und doch mächtiger als alle anderen Götter, mächtiger als Kronos Titan (Zeit) und Gäa (Raum). Er ist das alles bewegende Prinzip. Höre Sophia, Eros ward er geheißen.

Er ist ein mächtiger und grausamer Zauberer. Ein Mann, der Märchen zu schreiben weiß und hierzu unsere Herzen nimmt. Das meine presst er aus. Blut entströmt.

Es rinnt durch alle Gassen, wie durch einen Haag und färbt die Welt in allen Dingen rot.

9 12 4

27. Februar 200...

Durchwachte Nacht – Ich kann nicht mehr!!!!

Gestern färbte sich der Himmel über mir. Ich sah das wolkenklare Blau und ich sah ein dunkeles Grau, das sich langsam in die Sphäre schob, sich in die Sphäre hob.

Überhaupt fällt mir auf, dass mein Blick oft dem Himmel entgegen gerichtet ist. Als ob ich vom „Drüben" träumte. Mag sein, dass in den lichtweissen Räumen des Jenseits Ruhe und Zufriedenheit herrscht. Lohnt sich der Gang dorthin?

Tagsüber ein wenig ruhiger. Dann kurze mail von ihr. Nicht an mich, ein Rundschreiben vielmehr. Auf mich aber wirken die wenigen Zeilen wie eine Droge. Ich erinnere mich eines kürzlich mit ihr geführten Gespräches. Dort sprach sie vom StudiVZ, einem Internetportal, in dem sich jeder vorstellen könne. Also loggte ich mich heute ein und fand dort Bilderalben, die sie einstellte.

Eines fand sich dort – Ihr Profil von düsterem Neonlicht gezeichnet. Die Augen dunkel und kaum erkennbar. Die Aufmerksamkeit des Betrachters wird gänzlich auf ihren sinnlichen Mund gelenkt. So dunkelrot ist er. Er hebt sich ab.....

Meine Lippen berühren die Ihren. Der Bildschirm ist glatt und kalt – so unendlich glatt, so furchtbar kalt. Du bist es nicht.

...

Nachtlektüre zum 15.:

Stendhal, Über die Liebe (begonnen und beendet)

Beginnt der Mensch zu lieben, so wandelt sich der geliebte Mensch in seinen Augen. Es verhält sich so, als tauche man ein welkes Blatt in Salzlake. Herausgezogen trocknet es. Kristalle glänzen zauberhaft. Und doch verbergen sie das Hässlich-Reale. Fasziniert und freudig über die Tatsache, dass ein Mann wie Stendhal sein Leben lang von einer Frau, die er liebte, abgewiesen wurde, schlummere ich gegen drei Uhr ein.

29. Februar 200...

Erst wenn wir den salzigen Geschmack unserer eigenen Tränen wieder fühlen, erkennen wir uns selbst als Teil des Ganzen, das uns befürwortet. Menschen, die da vor uns sitzen, im Kot ihrer eigenen Unfehlbarkeit, widern uns an.

Via mail: Prelude zum Schlussspiel:

Ich schrieb:

„Und ständig in Gedanken: *Sophia.*
Man wird ja auch auf Schritt und Tritt an Dich erinnert.
Als ich heute an der Uni zu Mittag aß, traf ich einen
Mitstudierenden. Er sagte mir, er habe Dir geschrieben.
Wie er so Deinen Namen nannte....
Dann fuhr ich ins Amt. Wer lief mir dort über den Weg (?): Stefan St.

Selbst wenn ich es wollte (und dies ist nicht der Fall), gehst Du mir nicht aus dem Sinn.

Non enim cuiquam in potestate est, quid veniat in animam (Niemand aber hat Gewalt darüber, was ihm in die Seele kommt) (Tschuldigung)

...."

Sie schrieb:

„Hallo ....!

Also ich hab mir echt überlegt, ob ich dir wirklich das Folgende schreiben soll, aber ich mach es jetzt einfach!!!!

Einige Formulierungen von dir sind eindeutig zweideutig und ich weiß nicht, ob dir es bewusst ist.... Langsam denk ich ja schon, dass ich da vielleicht was falsch verstehe...
Wie auch immer.... mir persönlich gefällt das gar nicht!!!
Ich möchte das nicht!!! Wenn du jetzt weißt, was ich meine, dann lieg ich ja richtig mit meiner Wahrnehmung....
Lass es bitte!!!
Tut mir Leid, wenn ich dir so vor den Kopf stoße, aber ich fühl mich dann damit besser....

Und da bin ich jetzt einfach mal Egoist...

Gruß

Sophia"

Tief ergriffen! Verzweifelt......

Zitternd ergreife ich die Tastatur.

Ich antwortete:

„Sophia,

mach Dir keine Sorgen!

Deine mail war gut und richtig!

Ich möchte sehr gerne weiterhin, dass wir uns gut verstehen.

Bitte konzentriere Dich nur auf die Prüfungen. Mir liegt sehr viel daran, mit Dir weiter als Staatsexamer zusammen zu studieren.

Deine Wahrnehmung ist falsch, wenn Du denkst, dass ich etwas von Dir will, sie ist aber doch wieder nicht völlig verfehlt, wenn sie sich auf ein tieferes Gefühl zu Dir bezieht.

Bitte mach Dir keinen Kopf und nimm das was ich schrieb,

so wie ich es schrieb. (Auch in den anderen mails.)

Wenn Du möchtest (und ich würde mich hierüber sehr freuen),

können wir mal nach dem 13. April darüber reden.

Wenn nicht, dann ist es nicht schlimm!

Nimm es so, wie ich es sage!

Ich achte Dich sehr Sophia! (erst recht nach der letzten mail)

Gruß

.....

Ich werde nun weder anrufen, noch schreiben, bis Du selbst es wünscht!"

Traum:

Empor schreite ich – die Stufen empor. Empor in diesem Wohnblock. Aus Beton gegossen ist er. Ich gehe – Stufe um Stufe. Höher und höher. Ich sehe hinab. Die Stufen von funkelndem Granit verschwimmen.

30. Februar 200...

Nun heute kam endlich jener Tag, den ich solange ersehnte, und den ich noch länger verfluchen werde.

Fahrt....

Ich stand ihr gegenüber. Ich sprach: 9,12,4! So schrieb ich Dir. Sophia!

Bitte sage nichts, lache nicht. Nimm hin, was ich dir zu sagen habe. Ich liebe Dich!

Dann ging ich eilends davon. Ein Stück lief sie mir hinterher. Rief: „ ....! “ Ich hielt an.

„Ich verstehe dich nicht. Dich und mich – uns trennt ein ganzes Jahrzehnt. Ich hielt dich immer für einen gestandenen Mann, der bereit ist, Verantwortung für seine Familie zu tragen. Was ich finde ist ein Kind. “

„Ich, Sophia, ich ..... .“

„Nein, ich verstehe dich nicht und will dich auch nicht verstehen. Dein ganzes Gehabe ist mir zu albern. Du düngst dich klug und bist doch nur ein eitler Schnösel, ein Mensch der voreingenommen die Welt durch die Brille seiner Verdienste oder sagen wir besser scheinbaren Verdienste betrachtet. Komm mal wieder auf den Boden der Tatsachen zurück. Was soll das ganze hochgestochene Geschwafel. Bitte lass mich in Ruhe! Hätte ich gewusst, dass alles so endet, nie hätte ich ein Wort zu Dir gesprochen.“

Ich lief und laufe immer noch. Scham zerfrisst das bisschen Selbstwertgefühl, das mir noch blieb.

.....

Sicher waren ihre Worte andere. Ich aber empfinde sie so.

2. März 200..

Sprach heute mit meiner Frau. Ich fand, dass Sie diese Ehrlichkeit verdient. Ich erzählte Ihr von S. – von diesem unendlich tiefen Gefühl. Sicher, auch bei ihr war es da. Aber bei S. war, ja, ist alles anders. Wie sehr ersehne ich mir ihre Nähe! Warum? Immer dieses „Warum". Es durchwirkt alle Gedanken. Ich fiel auf die Knie. Ich schrie und weinte, fragte sie, warum es so sei, wie es sei.

Ich kann nicht mehr. Sie sah mich an. Glaubte nicht, dass all´ die Jahre mir nichts bedeuteten.

Beide verfielen wir einem nicht enden wollenden Weinkrampf. All´ die Jahre, in denen wir Seite an Seite uns bescheidenen Wohlstand schufen. Ich stand bei der Geburt unseres Sohnes an Ihrer Seite. Und durchwanderten wir nicht damals gemeinsam die masurischen Wälder, schliefen wir nicht gemeinsam auf dem Deck eines kleinen Urlauberschiffes im Mittelmeer. Sahen nicht unsere vier Augen die levantinischen Küsten. So vieles verbindet uns.

Und dennoch blieb ich unerbittlich.

Als ich die Tür schloss, hörte ich ihr Wimmern, das mir in dieser eiskalten Nacht durchs Mark dringt.

....

Fand die ganze Nacht keine Bleibe. Bin nun seit 38 Stunden wach und spüre doch kein Bedürfnis nach Ruhe. Ich eile durch die nassglänzenden Straßen.

.....

3. März 200....

Tagtraum: Grauer Asphalt glänzend, von einer Lache dunklen Blutes benetzt. Es entstammt einem Stück befellten Fleisches. Es mag ein Hase gewesen sein, der hier starb. Ich sehe genauer hin. Die Straßendecke öffnet sich in hunderte kleiner Poren. Necrophoren eilen zur leichten Beute. Necrophorus germanus. Eilends zersetzen sie den toten Körper. .... Ich werde ruhiger.

14. März 200..

Nüchtern betrachtet?

Seit dem letzten Eintrag geschahen zahlreiche Dinge deren Bericht sich lohnte.
B. beruhigte sich relativ rasch, nachdem ich mehrfach mit ihr sprach. Ich werde weiterhin sämtliche amtlichen Sachen regeln. Meine Bücher holte ich vor einer Woche ab. Gerade einmal 600

von über 4000. Mehr passen nicht in die kleine Hütte. Ich wählte die teuersten, die mir wichtigsten. Schillers *Horen*, Grimms *Wörterbuch*, Müllers Gesamtausgabe der Schriften Herders aus dem Jahre 1827, Erstausgaben, alte Dokumente, Meyers Konversationslexikon, perge, perge.

Hoffentlich erhalte ich Gelegenheit, die Reste zu retten.

.....

Rausch

Braunroter Rebensaft – In Nebel fallend sehe ich mich selbst in schärferem Licht. Kreatur die nicht geworden ist, was zu werden ihr bestimmt gewesen. Niemand sieht das Zerbrechen des Satyrs, der als lüsterner Spaßmacher die Welt zu durchstreifen scheint. Ist er mit sich allein, so steht er gebrochen vor dem Spiegel und erfleht sich den Genuss des Leides der anderen. Ich ergreife die elektronische Feder und schreibe:

Im Spiegel

Und bin ich mit dem Spiegel dann allein

so wünsch´ ich der im Spiegel nun zu sein,

der träumend sich den Zeitenlauf beschaut

Im Wahne Himmelsschlösser baut

sich Flügel wachsen sieht und überhebend,

die Sucht nach Neuem neu belebend,

zerbrochen dann dem Spiegel gleicht und sinkt

Und aus den Scherben wächst zusammen ein verschroben Bild

Ich will nicht mehr! Fährmann komm, bitte hol das Boot und bring´ mich fort.

Ich warte

Ich rufe

Da nun endlich stand der herrliche schwarzbeflügelte Thanatos vor mir.

„Mich sendet Eros. Er gedenkt seine Geschichte, die er über dich und sie schrieb, heute Nacht zu vollenden."

„Er schrieb?" Ich schwieg einige Zeit, dann: „Und empfand er Freude mich zu quälen?"

„Du verkennst uns, wir handeln nicht den Gefühlen folgend. Unsere Aufgabe ist es zu lenken. Hierzu bedarf es des kühlen Kopfes?"

„Der Tod denkt rational? Das wär mir neu?"

„Halte mich nicht auf mit deinem widersinnigen Geschwätz. Etwas anderes konntest du ja noch nie. Immer dies Geplapper, ekelhaft. Wenigstens jetzt könnest du dich ja mal zusammennehmen."

Warum ich?

Und wieder sprach der Hippenmann:

„Du bist ein rechter Feigling. Siehst Du jene feine Klinge dort. Ergreife sie und schneide schnell und sauber."

„Warum bist so kühl du mir, weißer Freund?"

„Weil du des Zuspruches offensichtlich bedarfst, um endlich zu vollenden, was dir in den letzten Wochen Lebenskraft gab – der Gedanke, Dich zu meinen Jüngern zu zählen. Bedenke, tatsächliche Liebe ist der höchste Grad der Selbstaufgabe. Sie entspricht dem Freitod."

Recht hast Du.

.....

Nun endlich ist mir ein Gedanke gekommen, meiner Lage Herr zu werden. Wo ist das Papier. Bring´ den schwarzen Stift herbei. Nun endlich werde ich zu sterben wissen und doch bestehen – auf immerdar. Ich ergriff die Tastatur.

Und so hob ich an:

„.....
    27. November 200... Montag

Spaziergang. Halt an den drei Birken. Weiß glänzte ihr Stamm von tiefem Schwarz durchsetzt. ...."

Blauschwarze Nacht umfängt uns –

kündet dem, der sie zu deuten vermag,

den Weg zu mir .....